© 2016 ZS Verlag GmbH

Kaiserstraße 14b

D-80801 München

ISBN: 978-3-89883-565-7

1. Auflage 2016

Projektleitung: Alexandra Gudzent

Idee und Fotografie: Michael Wissing BFF

Grafische Gestaltung und Illustrationen: Sanna Andrée-Müller

Rezepte: Wolfram Siebeck aus dem Kochbuch „Alle meine Rezepte"

(Calle Arco/Eurocoultur)

Lektorat: Edelgard Prinz-Korte

Herstellung: Peter Karg-Cordes

Producing: Jan Russok

Druck & Bindung: Neografia, Martin

Die ZS Verlag GmbH ist ein Unternehmen der Edel AG, Hamburg.

www.zsverlag.de, www.facebook.com/zsverlag

SIEBECK

Kulinarische Skizzen

mit Fotos von
Michael Wissing

STATT EINES VORWORTS

Ich weiß nicht, wie oft ich in all den Jahren meiner
Tätigkeit zwischen externen Auftragsarbeiten und
Heimstatt in Winden die A5 landauf und landab gefahren
bin. Und immer wieder führte der Weg mich an der
Ausfahrt Mahlberg mit Sicht auf das in der Höhe
gelegene Schloss vorbei. Ich wusste, dort lebt Wolfram
Siebeck, der bekannte und streitbare, zuvorderst
aber unbestechlich brillante Gastrokritiker, dessen
Publikationen und Kolumnen mich stets fasziniert
haben. In ihrer Klarheit und Urteilsschärfe wie in
ihrem zuweilen bewusst satirischen, polarisierenden
oder auch polemisierenden Witz. Wohl niemand hat in
Deutschland je wacher und treffender, gnadenloser und
unterhaltsamer über das Essen und Trinken geschrieben.

Wie gern würde ich diesen Mann einmal treffen, habe
ich oft gedacht. Und wie gern würde ich ein Buch mit
ihm machen. Ich habe sehr lange auf diese Begegnung
warten müssen, doch dann haben sich unsere Wege
schließlich doch noch gekreuzt. Welch unerwartete
Fügung — und welch Glück, dass wir uns auf Anhieb
sympathisch waren und sich der persönliche Austausch
fortan wie von selbst ergab. So ist irgendwann bei
einem guten Essen die Idee zu diesem Buch entstanden:
Meine ungeschminkten Bilder — und seine unverblümten
Geschichten dazu, dieser Ansatz hat mir spontan
gefallen — und ich darf mit aller Offenheit und
höchstem Respekt sagen, dass diese Zusammenarbeit
mir persönlich sehr viel bedeutet hat.

Michael Wissing

Wenn man uns Deutschen nachsagt, wir ernährten uns überwiegend von Kartoffeln, so ist das ein Vorurteil von der Art,
wie wir es den Chinesen anhängen, von denen wir behaupten, dass sie sich mit Essstäbchen ernährten. Mit anderen
Worten: Ein Gerücht.

Wahr ist hingegen, dass wir in intimes Verhältnis zur Kartoffel haben. (Wie es in dieser Hinsicht mit den chinesischen
Essstäbchen bestellt ist, kann ich nicht sagen. Ich bin in
Hong Kong immer an der falschen Seite ausgestiegen.) Dafür habe ich meine intimen Begegnungen mit Kartoffeln
ganz deutlich vor Augen. Ich muss gestehen, es waren ziemlich schmutzige Kartoffeln, zwar frisch mit einer vierzinkigen
Forke an Tageslicht befördert. Gleichzeitig forderte das brutale Werkzeug auch Mäuseblut, was diese ersichtlich missbilligten. Da sie nicht in die frische Luft, son-
als die ungewaschenen Kartoffeln, waren Verwechselungen
an der Tagesordnung. So entsteht schmutzig waren
Rücksicht auf das ländliche Milieu bestenfalls als "gemischt"
bezeichnen konnte. "Gemischte Kartoffeln" war fortan ein
Begriff, mit dem der Laie sich zufrieden gab, wenn ihm die

INHALT

PAPRIKAFRÜCHTE

Wer von den drei Grazien die Schönste ist im ganzen
Land lässt sich schwer entscheiden. Sogar Paris fiel
das Urteil nicht leicht, obwohl er ästhetisch im
Recht war und das Urteil ihm und seiner Familie eine
Menge Ärger einbrachte. Aber so ist der Mensch nun
einmal konstruiert: zeig ihm eine schöne Frau und er
beißt zu. Jeder, dem Goethes Farbenlehre nicht die
Sinne verwirrt hat, wird eine rote Paprika bevorzugen.
(Es existieren daneben auch noch gelbe und grüne
Paprikafrüchte.)

Diese Ampel-Koalition sieht aus, als könne sie keinen
Schaden anrichten. Kann sie auch nicht. Zumindest ist
er winzig. Die Paprika wird nach dem Waschen gevier-
telt und die weichen Stege herausgeschnitten (bitte
nur eine Sorte).

Die Paprikafrüchte sind feucht, ihr Fruchtfleisch ist
unterschiedlich süß, von Rot bis Grün. Es empfiehlt
sich, eine Sorte in Olivenöl mit einer klein gehackten
Zwiebel anzudünsten und mit Cayennepfeffer zu würzen.
Oder mit rohen Äpfeln.

Wie schon gesagt, kann eine hübsche Paprika keinen
weiteren Schaden anrichten. Ob man sie in kleine oder
grobe Würfel zerlegt, mit Sojasauce aromatisiert oder
ihr rohe Äpfel beigibt oder Zitronen, all das ist von
geringer Bedeutung. Es sollte einem Hobbykoch schwer-
fallen, die schönen Früchte so zu verhunzen, dass sie
ungenießbar werden.

***

„Ich hatte niemals vorher
und habe auch nachher
nie etwas so Delikates
in einer Kirche gegessen,
wie diesen Superspargel
in Saulieu. Nicht einmal
bei unseren frommen
Superköchen am Rhein."

SPARGEL

Deutschland sucht den Superspargel. Die Jury sind
Sie und ich, und wir versammeln uns von Mai an. Dann
mustern wir das Angebot — getrennt in Marktware und
Restaurantqualitäten —, geraten uns heftig in die
Haare und wählen schließlich den Spargel mit dem
niedrigsten Kilopreis und der höchsten Einschaltquote.

Das besagt bekanntlich nur, dass sich der Massen-
geschmack durchgesetzt hat.

Wie der zu bewerten ist, erkennt man daran, dass an
erster Stelle die Kartoffel liegt. Eine Keimlänge
dahinter hecheln die Spaghetti mit ihrer Tomatensauce
im Schlepptau, und dann erst tauchen die Spargel in
der Zielgeraden auf.

In meiner Kindheit, in der es kein Fernsehen gab,
war es nicht anders, nur ersetzte meine voraussehende
Mutter die Tomaten durch Maggiklöße, das machte mir
später den Übergang zum Balsamico-Essig im Salat
nicht so schwer.

Was nun den Superspargel angeht, so war er damals
unbekannt. Was es gab, waren krummbeinige, dünne
Stangen, die ihr kurzes Dasein wer weiß wo verbrach-
ten. Als ich schließlich in Saulieu (Burgund) eines
der berühmten Spitzenrestaurants besuchte, wuchtete
mir der Kellner zwei Stangen auf den Teller, wie ich
sie vorher noch nie gesehen hatte. Sie waren so dick

wie eine der Kerzen, welche von sehr frommen Menschen
an christlichen Feiertagen auf den Altar gestellt
werden. Dazu gab es Sauce hollandaise.

Ich hatte niemals vorher und habe auch nachher nie
etwas so Delikates in einer Kirche gegessen wie
diesen Superspargel in Saulieu. Nicht einmal bei
unseren frommen Superköchen am Rhein.

* * *

REBHÜHNER

Wenn das Schießen nicht wär, blieb dem Weidmann nichts als die Wickelgamaschen über der grünen Kuckucksuhr, mit der er seine Zeit vertreiben kann. Den Rest erledigen erfahrungsgemäß die Konfektionäre von der Piccadilly in London.

Rebhühner waren früher einmal des reichen Mannes Papageien. Heute gibt es praktisch keine reichen Männer mehr, nur noch Superreiche. Sie haben Privatjets, mit denen sie dem edlen Wildbret nachstellen, als wären es Papageien. Doch was Dackel und andere Drohnen apportieren, sind dummerweise tiefgefrorene Plastikenten. Manchmal, wenn so ein Weidmann Glück hat, wird er sie mit einem Partner in der Badewanne teilen müssen, was nicht nur zu unerhofften Begegnungen führt (wie wir von Loriot wissen).

Was die Rebhühner angeht, bzw. die Westenschneider von Piccadilly, so wird sich der zünftige Weidmann damit begnügen müssen, im Pub auf Plastikenten zu zielen, auch wenn das Ziel nicht immer den Erwartungen entpricht.

Zum Trost mag ihm dienen, dass die grünen Westen von gelben Chinesen kopiert werden, und die jagdbaren Vögel praktisch ausgerottet sind.

* * *

APRIKOSEN

Die Aprikose gehört zum Steinobst wie die Kirsche, hat einen Stein wie die Pflaume, und wenn man mit ihr den Auspuff verstopft, sind die Folgen unvorhersehbar. Die Aprikose ist mit einem Wort: kapriziös.

Niemand würde bei funktionierendem Verstand einen anderen Klempner als Giacometti erwähnen, den Maler der pfirsichfarbenen Wangen, wenn es darum geht, die Zartheit einer jungen Dame zu beschreiben, so wie auch niemand die Oma Plücker mit einem Pfifferling vergleichen würde, obwohl sie tatsächlich wie eine alte Ziegenlippe aussieht (beides nicht giftige Waldpilze).

Nein, die Aprikose sieht nicht aus wie eine Rentnerin aus dem Waldviertel, sondern gehört einer Spezies an, die es in millionenfacher Ausführung gibt. Sie hat eine gleichmäßige Form, ist innen gleichmäßig gefärbt, hat einen gleichmäßigen Durchmesser, aber ihr innerer Kern wird gern von Maden bewohnt.

* * *

„Kombiniert mit heißer Butter und dem nachgesüßten Aroma der Möhre, verwandelt sich das gesunde, bürgerliche Gemüse in eine Leckerei, welche von Kindern schon mal als Nachtisch eingestuft wird."

MÖHREN

Es waren einmal vier Möhren, die hatten einander so lieb. Bis von den vieren nur eine übrig blieb.

Da es sich hier nicht um die Einleitung zu einem Krimi handelt, ist der Schuldige schnell ermittelt: Der Küchenchef war's, der die vier gekocht hat, was ihm dreimal so gut gelang, dass die kleinen Möhren im Handumdrehen ihre Liebhaber fanden, von denen sie mit Haut und Haaren gefressen wurden.

Die Möhren hatte der Küchenchef jedenfalls so sorgfältig und geradezu zärtlich gekocht, dass Möhren seitdem den Ruf hatten, außergewöhnlich gut zu schmecken. Sie wurden zum Lieblingsgemüse von Frauen und Kindern, von Junggesellen und Kaninchen, von grünen Witwen und Feinschmeckern.

Letztere waren es auch, die den Koch zu dem Rezept anregten, mit denen die Möhren in den Himmel des Wohlgeschmacks eingingen.

Das Rezept ging davon aus, dass Möhren nicht immer so süß schmecken, wie es der Verkäufer im Supermarkt verspricht. Also sei es ratsam, die schwache Süße durch eine Prise Zucker zu verstärken und — da man schon einmal dabei war, das Naturprodukt Möhre zu manipulieren — mit einer nicht zu knappen Zugabe frisch geriebener Ingwerwurzel aufzupeppen. Wie aber peppt man die schwache Natursüße einer Möhre mit frisch geriebener Ingwerwurzel auf? Ganz einfach: Indem man ein daumengroßes Stück frische Ingwerwurzel in kleine Späne schneidet, wobei die Größe nicht wichtig ist; dünn jedoch sollten sie in jedem Fall sein. (Unter dem überflüssigen Küchenwerkzeug wird sich ein geeignetes Werkzeug finden.)

Während also die präparierten Möhrenstücke oder -scheiben in ihrer Butter ganz langsam vor sich hin garen — dünsten wäre das richtige Wort —, hinterlässt der frische Ingwer eine deutliche Schärfe, wie man das von Ingwer erwarten kann. Kombiniert mit heißer Butter und dem nachgesüßten Aroma der Möhre, verwandelt sich das gesunde, bürgerliche Gemüse in eine Leckerei, welche von Kindern schon mal als Nachtisch eingestuft wird.

***

KARTOFFELN

Wenn man uns Deutschen nachsagt, wir ernährten uns überwiegend von Kartoffeln, so ist das ein Vorurteil von der Art, wie wir es den Chinesen anhängen, von denen wir behaupten, dass sie sich mit Essstäbchen ernährten. Mit anderen Worten: ein Gerücht.

Wahr ist hingegen, dass wir ein intimes Verhältnis zur Kartoffel haben. (Wie es in dieser Hinsicht mit den chinesischen Essstäbchen bestellt ist, kann ich nicht sagen. Ich bin in Hongkong immer auf der falschen Seite ausgestiegen.) Dafür habe ich meine intimen Begegnungen mit Kartoffeln ganz deutlich vor Augen. Ich muss gestehen, es waren ziemlich schmutzige Kartoffeln, zwar frisch mit einer vierzinkigen Forke ans Tageslicht befördert. Gleichzeitig förderte das brutale Werkzeug auch Mäuse an die frische Luft, was diese ersichtlich missbilligten. Da sie nicht weniger schmutzig waren als die ungewaschenen Kartoffeln, waren Verwechslungen an der Tagesordnung. So entstanden Zustände, die man mit Rücksicht auf das ländliche Milieu bestenfalls als „gemischt" bezeichnen konnte. „Gemischte Kartoffeln" war fortan ein Begriff, mit dem der Laie sich zufriedengab, wenn ihm die Zusammensetzung der einzelnen Feldfrüchte wie auch der Feldmäuse gleichgültig war.

Da eine solche Gleichgültigkeit dem Volkscharakter der wahlberechtigten Deutschen ganz allgemein entspricht, wurden die „gemischten Verhältnisse" zur stehenden Redensart in deutschen Küchen. Und nicht nur dort.

* * *

„An dieser Stelle zögert
die korrekte Hausfrau
schon! Ihr ist nämlich
klar, dass die angegebene
Zeit von einigen Minuten
sehr lange sein kann
für einen dickschaligen
Hummer, den man in
kochendes Wasser steckt.
Wo es doch nur eine
Sekunde braucht, um ihn
blitzschnell zu halbieren.
Was bei uns natürlich
verboten ist."

HUMMER

Der Hummer hat in den Augen vieler Menschen etwas Mythisches. Als knallrot gekochter Meeresbewohner könnte er in hochgereckter Arbeiterfaust als Wahrzeichen auf einem sowjetischen Plakat der frühen Dreißigerjahre eine gute Figur machen. Wie wir jedoch wissen, gehörten Luxusdelikatessen nicht zu den Versprechungen der Bolschewisten jener Zeit, was politisch gesehen wahrscheinlich ein Fehler war.

Ungekocht, also noch lebend und schwarz glänzend, verunsichert der Hummer viele Konsumenten nachhaltig. Denn sie wissen, dass sie ihn töten müssen. Und das Töten von Tieren ist schwer in Verruf geraten in unseren Tagen. Weil es Schuldgefühle auslöst wie der Verzehr von Pferdefleisch in den Mädchenschulen.

Daher ergibt sich beim festlichen Hummerschmaus, dass sich jemand bereitfinden muss, der dem armen Tier den Garaus macht. Jeder weiß, wie das funktioniert: In sprudelnd kochendes Wasser geben, Deckel drauf und einige Minuten warten.

An dieser Stelle zögert die korrekte Hausfrau schon! Ihr ist nämlich klar, dass die angegebene Zeit von einigen Minuten sehr lange sein kann für einen dickschaligen Hummer, den man in kochendes Wasser steckt. Wo es doch nur eine Sekunde braucht, um ihn blitzschnell zu halbieren. Was bei uns natürlich verboten ist.

So kommt es, dass sie einen fertig gekochten Hummer kauft, der natürlich zäh wie Leder ist sowie trocken und überhaupt bei den Essern die Frage aufwirft, ob Hummer so undelikat schmecken darf, und wieso die reichen Leute so viel Gedöns um ein Hummermenü machen. Die Antwort ist: Weil es traditionell mit Mayonnaise serviert wird und reiche Leute dazu so viel Champagner trinken können, wie sie Lust haben.

Nehmen wir aber an, aus der Nachbarsvilla schickt ein mitfühlender Gourmet einen der Länge nach in zwei Hälften zerlegten, rohen Hummer rüber. Den salzt man und begießt ihn großzügig mit heißer Schalottenbutter. Danach schiebt man die beiden Hummerhälften unter den Grill und beginnt mit dem Entkorken des Champagners.

* * *

RADIESCHEN

Wenn Radieschen Waffen wären, gäbe es in Kriegen mehr zu lachen. Früher war die Feststellung: so klein und schon so scharf, die maximale Gefährdung, die man in den kleinen roten Kugeln sah. Heute, da sich alle Welt vor Freude schluchzend in den Armen liegt, weil der ewige Frieden ausgebrochen ist, können Radieschen nicht einmal mit ihrer Schärfe beeindrucken. Denn scharf sind sie schon lange nicht mehr. Dafür haben die fleißigen Biogenetiker gesorgt. Das sind jene Experten, die alle in Lebensmitteln befindliche Schärfe und die Bitterstoffe matt gelegt haben. Deshalb gibt es keinen penetrant riechenden Knoblauch mehr, keine Bittertöne im Spargel und im Chicorée, aber auch keine Schärfe. Geschmackliche Absonderheiten jenseits von süß und sauer mag ein deutscher Esser nicht. Ob man Derartiges in Radieschen fand, in Pfefferschoten oder in Gartenkräutern — sie sind im Laufe der Jahre durch eine allgemeine Milde ersetzt worden, wie sie die Hausfrau im Salat bevorzugt. Und, natürlich, beim Umgang der Opposition mit der Regierung.

Insofern entspricht das Radieschen dem Drang der Deutschen zur Großen Koalition. Dadurch sind Radieschen allerdings zu einem Problem-Gemüse geworden. Denn ohne Schärfe sind die kleinen Kugeln nur niedlich anzusehen, sie flößen niemandem so etwas wie Furcht ein; jede Stachelbeere wirkt bedrohlicher als die rotbackigen Kugeln, welche dem misstrauisch gewordenen Esser nicht länger verhehlen können, dass sie mit der Rübe verwandt sind.

* * *

„Und doch habe ich ihn vor Jahren einen alten Stinker genannt, worauf viele Leser empört reagierten, weil ich der Meinung war (und bin), dass der Blumenkohl es mit seinem Körpergeruch übertreibt."

BLUMENKOHL

Er gehört zu den Schönheiten in unserem Garten. Wie eine frisch gewaschene, weiße Kugel thront er majestätisch zwischen seinesgleichen und wird von allen wegen seiner Sauberkeit bewundert.

Und doch habe ich ihn vor Jahren einen alten Stinker genannt, worauf viele Leser empört reagierten, weil ich der Meinung war (und bin), dass der Blumenkohl es mit seinem Körpergeruch übertreibt.

Von den Blumen, die sein Name verspricht, ist nichts zu erschnüffeln als das Odium des Kohls, dies aber deutlich und anhaltend. Nur die wenigsten Feinschmecker sind bereit, den Kohlgeruch vorbehaltlos bei den Delikatessen einzureihen. Vor allem nicht, wenn er in Wasser gekocht wird.

So schleppt also jeder sein Schicksal mit sich herum, und nicht selten im Dunstkreis eines alten Turnschuhs.

Auf der Suche nach seiner Verfeinerung ist mir damals die Sache mit dem Safran eingefallen, ein Beispiel, das von Japan bis Chile allen ehrgeizigen Köchen als Vorbild dient.

Dabei wird der gewaschene Blumenkohl in kleine Röschen zerlegt, wobei darauf zu achten ist, dass die weißen Niedlichkeiten unter sich bleiben. Also keine Strünke untermischen und seien sie noch so klein!

Die solcherart zerlegten Röschen werden gedünstet,
und zwar in Butter oder Gänseschmalz. Das geht schnell,
wenn man vorsichtig mit der Hitze umgeht. Denn wie
so oft ist eine übermäßige Hitze die Wurzel aller
missglückten Menüs. Vor allem, wenn es wie hier aus
pulverisiertem Safran besteht. Denn pulverisierter
Safran verbrennt genauso schnell wie Safran in Fäden.
Doch wenn ich einige Teelöffel Brühe angieße, ist ein
großer Teil der Gefahr bereits gebannt.

Mehr ist nicht. Die Blumenkohlröschen färben sich
vielversprechend orange, sie stinken nicht mehr nach
Kohl, stattdessen nach Zitrone oder Curry, je nachdem
womit ich sie zusätzlich aromatisiert habe (Kokosnuss
oder ähnliche Extravaganzen sind möglich).

Selbstverständlich ist das noch kein fertiges Menü.
Dazu benötige ich eine Kleinigkeit, nämlich Fleisch.
Ein rosa gebratenes Stück von der Kalbsschulter wäre
ideal, um alles ungesagt zu machen, was ich je über den
elenden Stinker verbreitet habe.

* * *

QUITTEN

Unter ihresgleichen bieten die Quitten einen
sonderbaren Eindruck. Während Äpfel, Pfirsiche,
Aprikosen und anderes Obst sich Mühe geben, einen
konformistischen Eindruck zu hinterlassen (gleiche
Form, gleiches Gewicht, gleiches Erscheinungsbild),
legt die Quitte Wert darauf, alles Gleichmäßige zu
vermeiden. Krumm und knubbelig will sie sein, ihr
Schönheitsideal ist dem Tintenfisch ähnlicher als
einem Königsberger Klops.

Botaniker haben an der Quitte eine spezielle Hart-
näckigkeit entdeckt, welche sich in ihrem Gehölz
wie auch in ihrem Gelee äußert. Das Letztere wird
traditionell in kleinen Gläsern abgefüllt.

* * *

„Wenn die Knoblauchzehen weich sind, dürfte auch das Fleisch gar sein. Ob man die breiigen Zehen — eventuell mit Salz und Pfeffer — aus ihrem Versteck löffelt oder den Brei einer anderen Bestimmung zuführt, ist Geschmackssache."

KNOBLAUCH

Tonnenweise wird dieses scheinbar ordinäre Gewürz, diese stinkende Knolle auf unseren Märkten angeboten. Dabei stinkt sie nicht und ist auch keineswegs von ordinärer Herkunft. Natürlich ist sie mit der Zwiebel verwandt, daher das Vorurteil von der Herkunft. Schließlich haben schon die Erbauer der Pyramiden den infernalischen Mundgeruch gefürchtet, mit dem die alten Ägypter ihre Feinde in die Flucht schlugen.

Dabei war alles nur halb so schlimm. Es ist nämlich unwahrscheinlich, dass es damals schon importierten Knoblauch aus China und anderen Ländern gab, sondern nur frische, einheimische Knollen, die beim Anschnitt Tränen vergießen, welche auch heute noch von Opern-freunden vergossen werden, zum Beispiel in Bayreuth. Man spricht in diesem Fall von Freudentränen.

Und wieder einmal müssen wir mit der Produktqualität beginnen. Merke: Knoblauch, der seinen Ruf verdient, ist nicht klein und keineswegs weiß, sondern hat eine feuchte Schale, die an der Spitze leicht violett gefärbt ist. Er macht einen durchaus frischen und fruchtigen Eindruck. Entsprechend einfach ist es, die Einzelteile aus der saftigen Knolle zu entfernen.

Man muss sich darüber im Klaren sein, dass saftige Knoblauchzehen so selten sind wie japanische Zierkarpfen. Und nur die saftigen Sorten lohnen die Beschäftigung mit der scharfen Gewürzknolle.

Ein anderes Kennzeichen betrifft die erwähnte Schärfe.
Sie ist schlicht enorm! Um in ihren kompletten Genuss
zu kommen, sollte man ein Butterbrot mit Alpkäse
belegen und darauf sehr dünn gehobelte Scheiben frischen
Knoblauch legen und zubeißen!

Wer das einmal erlebt, wird keine weiteren Begegnungen
dieser Art benötigen, um sich von den verborgenen
Reizen unserer Gewürzküche zu überzeugen.

Welche sich keineswegs in einem scharfen Käsebrot
erschöpfen. Schon mal was von einer Knoblauchsuppe
gehört? Oder vom knofeligen Querschnitt? Dazu bedarf
es einer kompletten und intakten Knolle des Knofels.
(Nicht Zehe, sondern eine Knolle!) Die wird wie eine
Orange in zwei Hälften geschnitten und einem Stück
Fleisch beigelegt, wenn es in den Ofen geschoben wird.

Wenn die Zehen weich sind, dürfte auch das Fleisch gar
sein. Ob man die breiigen Zehen — eventuell mit Salz
und Pfeffer — aus ihrem Versteck löffelt oder den Brei
einer anderen Bestimmung zuführt, ist Geschmackssache.
Als Pomade im Haar stand sie dem modischen Herrn
hilfreich zur Verfügung, wohingegen sie von den Damen
gern als Badezusatz benutzt wurde.

* * *

ZUCCHINI

Die Blüten sehen aus, das muss man leider sagen, wie ein Haufen toter Regenschirme. Bunte Regenschirme, überwiegend gelb-orange gefärbt, aber tot.

Normalerweise kriegt sie nur zu Gesicht, wer sich auf südlichen Märkten herumtreibt. Dort kauft sie die kluge Hausfrau kistenweise. Das Zeug ist ja nicht schwer.

Schwer im Sinne von schwierig ist allenfalls die Zubereitung. Denn die Dinger müssen gefüllt werden. Dafür ist der clevere Küchenchef zuständig. Womit er die toten Regenschirme letzten Endes füllt, bleibt sein Geheimnis. Er kann sie mit einer sanften Mondfinsternis füllen, mit handgeschöpfter Bitterschokolade oder mit Schnaps. Letztere Variante ergibt eine magenfreundliche Garbure, was jeder Pfarrer zu schätzen weiß, der jemals das Glück hatte, gefüllten Zucchini die letzte Ehre zu erweisen.

Der zuständige Küchenchef sollte es aber mit der Originalität nicht übertreiben. Ein fettes Schwein wäre als Füllung unangemesssen, obwohl in der Kunst-Küche vieles möglich ist. Ich habe den Verdacht, dass originalitätssüchtige Küchenchefs sich auch schon mal an einem Fußball vergriffen haben.

* * *

„Die Haricots verts sind nicht nur ein ungemein brauchbares Gastgeschenk — im Gegensatz zu den roten Nelken, welche nur eingesetzt werden, wenn ein linker Zeitgenosse beerdigt wird."

HARICOTS VERTS

Das waren noch Zeiten, als man der Dame des Hauses einen Strauß grüner Bohnen überreichte — Haricots verts, wie wir sie damals nannten — und dafür mit einem innigen Bussi bedankt wurde. Seitdem hat man ihnen die Kerne weggezüchtet, und auch von den Fäden ist nichts mehr übrig geblieben. Brachte es jemand fertig, sich von dem Knoblauchzopf zu trennen, den er von einer Italienreise mitgebracht hatte, und dem Bohnenstrauß hinzuzufügen, wies ihn diese großzügige Geste nicht nur als über die Maßen galant aus, er gab sich durch die Koppelung auch als moderner Feinschmecker zu erkennen.

Denn die Keniabohne verlangt nach dem Knoblauch wie die Schwarzwälder Kirschtorte nach der Kirsche. Ja, man könnte sagen, dass der Knoblauch allein wegen der kleinen und dünnen Bohnen Zugang in Deutschlands Küchen fand. Wozu zur Komplettierung allerdings eigentlich noch ein Lammkotelett gehört, aber das ist ein anderes Thema.

Die Haricots verts sind nicht nur ein ungemein brauchbares Gastgeschenk — im Gegensatz zu den roten Nelken, welche nur eingesetzt werden, wenn ein linker Zeitgenosse beerdigt wird. Am Beginn der umstrittenen Nouvelle Cuisine demonstrierte mir ein französischer Verwaltungsbeamter in Monte Carlo, was an der neuen Kochtechnik so verwerflich sei. Er suchte auf seinem Teller nach einer al dente gekochten Bohne, wie sie sich auch in der Societé des bains de mer — wo unser

46

Essen stattfand — durchzusetzen begann. Er spießte
sie auf und deutete auf ihre starre Konsistenz:
„Unnatürlich! Total unnatürlich. In diesem Zustand
schmecken Bohnen wie Rohkost." Dann hielt er mir
andere, weich gekochte Bohnen vor die Nase, welche
schlapp von seiner Gabel hingen. „So müssen gekochte
Bohnen aussehen, wenn sie nach etwas schmecken sollen."

Insgeheim habe ich mich über den Vertreter der alten
Küche lustig gemacht. Seitdem sind Jahrzehnte ver-
gangen, und ich muss ihm nachträglich recht geben. Die
Al-dente-Kochmethode ist nur bei sehr wenigem Gemüse
angebracht. Irgendwie schmecken sie alle wie rohe
Rüben, wie Kartoffeln, diese gesunden Pflanzen, die von
den Körnern nicht zu unterscheiden sind, die wir den
Mäusen vor die Tür stellen.

Wenn sie Geschmack annehmen sollen, müssen Bohnen —
ob dicke oder dünne — gekocht werden. Und zwar in
total versalzenem Wasser gar gekocht, welches man
beim Probieren auf der Stelle ausspuckt. In halb garem
Zustand nimmt das dickfellige Gemüse nämlich nicht das
geringste Aroma an. Deshalb die widerliche Überdosis,
daher der verpönte Griff ins Salzfass.

* * *

ERDBEEREN

Sind unverwechselbar wie eine Versammlung katholischer
Bischöfe. Niemand käme auf die Idee, einen Sack voll
Erdbeeren für eine Kiste voller Schnecken zu halten.
Erdbeeren haben etwas Heraldisches, wie auf seine
spezielle Art auch der Rhabarber. (Beide werden zur
gleichen Zeit geerntet. Sind aber weder ähnlich noch
irgendwie verwandt.)

Erdbeeren sind eindeutig infantil. Sie besitzen alles,
was Kindern Freude macht. Sie sind rot wie Rotkäppchen,
sie sind süß, wenn man sie gründlich zuckert, und ihr
Aroma lässt sich stark verbessern, wenn man Erdbeeren
mit steif geschlagener Sahne bedeckt.

Mehr ist nicht nötig, um die kleinen roten Früchtchen
in eine beliebte Süßspeise zu verwandeln.

***

AUSTERN

Wer als erster Mensch je eine Auster aß, muss ein Held gewesen sein. Diesen verkrusteten Brocken zu verdächtigen, er könne einen essbaren Inhalt enthüllen, wenn man nur geduldig an ihm herumprokelt, beweist, dass der einsame Held über eine Intelligenz verfügte, wie es in der Altsteinzeit nicht üblich war. Ein Held war er außerdem, weil ihm angesichts des schleimigen Inhalts der Meeresfrucht nicht spontan übel wurde (wie das noch heute so manchem Urlauber passiert).

Man sieht, der Verzehr einer Auster ist nicht so einfach wie es im Gedicht vom „Walross und dem Zimmermann" den Anschein hat. Überhaupt ist der Umgang mit Meeresfrüchten keineswegs so problemlos wie der Umgang mit Feldfrüchten von der Art der Kartoffel. Ich verweise nur auf den Seeigel, welcher — letzten Endes auch mir — unkulinarische Ferienerlebnisse bescherte.

Trotzdem sollte sich niemand beim Anblick einer Kiste Austern entmutigen lassen: Der Genuss, den sie dem Kenner verspricht, ist hundert Mal größer als ein Schwarm von Fledermäusen, die den Ruhm des Chefkochs Paul Dracula so eindrücklich unter Beweis stellten.

***

„Nach alter Väter Sitte werden die ihrem Pelzetui entnommenen Saubohnen zusammen mit Räucherspeck ins kochende Wasser geworfen, während der Täter wartet, dass ein Wunder geschieht. Das erhofft er sich in Form einer schmackhaften Gemüsebeilage."

SAUBOHNEN

Ihren Namen tragen sie zu Unrecht. Weder haben sie eine
Ähnlichkeit mit dem populären Borstenvieh, noch kann
man sie für irgendeinen anderen kulinarischen Glanz
verantwortlich machen. Selbstverständlich wird ein
geschickter Konditor in der Lage sein, eine beliebige
Menge Saubohnen auf einem Bindfaden aufzureihen
und daraus einen halbwegs schmückenden Aufruf zum
Geburtstag zu basteln. Aber das reicht nicht für drei
Sterne im Michelin. Denn die eurogroßen, stumpfgrünen
Knöpfe, die man eher an einem Wintermantel vermutet
als auf einem Teller als Gemüsebeilage, haben eine
raffinierte, zweite Seite. Die ist fast geheimnisvoll,
jedenfalls ziemlich unbekannt in Hausfrauenkreisen.
Wie so oft handelt es sich dabei um die allgemein
praktizierte Bequemlichkeit der Löffelschwinger.

Nach alter Väter Sitte werden die ihrem Pelzetui
entnommenen Saubohnen zusammen mit Räucherspeck ins
kochende Wasser geworfen, während der Täter wartet,
dass ein Wunder geschieht. Das erhofft er sich in Form
einer schmackhaften Gemüsebeilage.

Aber wie das so ist mit den Sitten alter Väter, ist
das Resultat weder schmackhaft, noch taugt es zu mehr
als einer mehligen und braunen Suppe, auf welche die
Bezeichnung Saubohne tatsächlich zutrifft.

Davor schützt man sich, indem man die Augen fest
schließt und sie erst wieder öffnet, wenn das anfangs
erhoffte Wunder eingetreten ist: Die Mantelknöpfe

54

haben sich hellgrün verfärbt, ihren Umfang haben sie
halbiert und machen einen frühlingshaften, frischen
Eindruck. Was ist geschehen? Man hat sie gepellt.
Und nicht einmal, sondern sogar zweimal. Es bleiben
kleine, feuchte Bohnenkerne übrig, welche allerliebst
aussehen, sodass man sie sofort mit flüssiger Butter
und Limonensaft begießen möchte.

Was für den weiteren Verlauf der Dinge nicht falsch
wäre, vorausgesetzt, die kleinen grünen Bohnenkerne
werden vorher kurz gedünstet. Ob in Öl, Butter oder
Sherry, das hängt vom Mut und dem Einfallsreichtum
der Küchenfee ab.

* * *

KRUSTENTIERE 1

Dummerweise gehören Krebstiere zu den Meeresbewohnern, die man körbeweise kaufen kann, aber nie weiß, wie man sie richtig benennen soll. Langustinos, Gambas, Flusskrebse, Krustentiere?

Es gibt so viele namensgleiche Rückwärtsgeher, die man nur auseinanderhalten kann, wenn man sich nicht weiter um sie kümmert und ihnen leichtfertig einen beliebigen Namen verpasst, wie zum Beispiel Krustentiere.

Dass Hummer und Languste praktisch zur gleichen Familie gehören, sollte den Hobbykoch nicht irritieren: Chinesen und Japaner sind sich — für Europäer wenigstens — ebenfalls eher ähnlich und haben dennoch sehr verschiedene Essgewohnheiten.

Von einer gewissen Größe an ist es jedoch entscheidend, ob man den Tieren Schmerzenslaute entlockt, wenn man auf sie tritt. Dann reagieren sie nicht anders als eine Fußballmannschaft. Kleinere Krustentiere zertrümmert man wohlweislich in einem Steinmörser, größere Exemplare sind unter einem Lkw-Reifen meistens gut aufgehoben. Beide Techniken geben dem Hobbykoch eine bequeme Chance, adäquat ins Geschehen der Natur einzugreifen.

* * *

„Denn wichtig ist zunächst einmal die Größe. Je größer das Gelbe, Innere einer Muschel, umso mehr Geschmack enthält sie."

MIESMUSCHELN

Es wird keinen meiner Leser überraschen, wenn ich
die simpelsten Produkte immer wieder auf Qualitäts-
unterschiede untersuche. Da verhalte ich mich nicht
anders als die gewiefte Hausfrau, die eine bestimmte
Brötchensorte nur beim Bäcker A kauft, wohingegen
sie für ein Brot aus luftigem Sauerteig einen nicht
geringen Umweg zum Bäcker B macht. Genau so verhalte
ich mich bei Muscheln. Gemeint sind damit die läng-
lich-schwarzen Miesmuscheln.

Sie werden kistenweise verkauft, sind bereits ge-
waschen und machen keine weitere Arbeit, es sei denn,
man gibt sich der Illusion hin, dass alles, was
maschinell verpackt wurde, hygienisch einwandfrei sei.
Dieses dem Konsumenten anzuratende Misstrauen ist
unerlässlich, egal ob es sich um ein 400 PS starkes
Auto oder um 400 einzelne Muscheln handelt. Was
Letztere angeht, so mögen sie noch so glänzend poliert
sein, eine gründliche Dusche unter der Küchenbrause
hat noch keiner Muschel geschadet.

Denn wichtig ist zunächst einmal die Größe. Je größer
das Gelbe, Innere einer Muschel, umso mehr Geschmack
enthält sie. Leider kommt es oft genug vor — vor allem
in Restaurants — dass das Gelbe, Innere der Muscheln
so winzig wie eine Kaffeebohne ist, womit im Sinne
des Wirtes ein dekorativer Eindruck erzielt werden
soll. Was in Wahrheit entsteht, ist der zweifelhafte
Eindruck von Mickrigkeit, mit der kein Wirt und keine
Hausfrau identifiziert werden möchte.

60

Ganz zu schweigen von des Rätsels Lösung, die darin
besteht zu erklären, warum ein geringfügiges Produkt
wie eine Miesmuschel so wichtig genommen wird wie
in unserem Fall. Weil die Wahl der richtigen Sorte
(dänische Herkunft, groß und fett und sorgfältig
gebürstet) ganz unvermeidlich ein maritimes Fest zur
Folge hat.

* * *

TRÜFFEL

Jeder kennt sie, doch nur wenige haben sie gesehen, und wer sie wirklich einmal in der Hand hielt, konnte sich nur wundern. So dreckig und so teuer?

Der Kilopreis für schwarze Trüffel ist horrend; die weiße Variante übertrifft die schwarze Sorte noch erheblich. Und das alles für ein Gewächs, das einem Erdklumpen gleicht. Unglaublich. Vielleicht suchen italienische Bauern deshalb die begehrten Erdpilze oft in Gesellschaft von Schweinen, welche sie ebenso zum Trüffelsuchen dressiert haben wie Hunde. Es ist nicht zu leugnen, dass Trüffel einen intensiven Duft verströmen, auf den sowohl Schweine und Hunde ungewöhnlich reagieren, wie übrigens auch nicht wenige Küchenchefs.

***

PILZE

Es ist nicht sicher, ob bei uns oder in Polen mehr
Pilze wachsen. Wer würde schon durchs Unterholz
kriechen, um die Zahl der hier wie dort aus dem Boden
schießenden Pilze zu zählen?

Ganz ohne Zweifel sind beide Völker mit Pfifferling,
Maronen, Lorcheln, Butterpilz, Schleimchen, Gelber
Birkenröhrling, Satanspilz, Kahler Krempling,
Parasolpilz — und wie sie alle heißen — reichlich
gesegnet. Mit einem gewissen Stolz können wir auf
den giftigsten aller Giftpilze verweisen, den Grünen
Knollenblätterpilz, als Amanita phalloides bekannt,
und als solcher nur dem 911er Porsche vergleichbar.

Generell lässt sich sagen, dass der giftige 911er
sehr selten ist. Deshalb spielt es auch keine Rolle,
ob der Wulstling, wie er auch genannt wird, im
schlesischen oder im polnischen Unterholz gefunden
wird. Der glückliche Hobbykoch sollte sich nur im
Klaren sein, dass das, was er da in die Pfanne wirft,
ein einmaliger Fang ist.

* * *

LACHS

Bären sind verrückt nach ihm. Das beweist ihren aus-
geprägten Schönheitssinn. Denn er ist der Schönste.
Kein anderer Fisch ist so wohlgeformt, hat diese
makellose, silbrige Haut, deretwegen sich die Bären
in Alaska an den Stromschnellen auf die Lauer legen
und Lachse fangen.

Er war nicht immer so beliebt. Im 18. Jahrhundert
soll es eine Verordnung gegeben haben, welche die
Dienstboten davor schützte, täglich Lachs essen
zu müssen. Daraus ist zu schließen, dass sie (die
Dienstboten) keine Bären waren. Aber auch auf die
Kochkünste der damaligen Hausfrauen wirft dieser
Dienstbotenschutz kein gutes Licht. Die Fische wurden
offenbar zu heiß und zu lange gebraten, sodass sie
mehlig und trocken wurden, was damals wie heute
genügte, den Magen eines Dienstboten umzudrehen.

Deshalb gilt — für alle Fischköche — die Grundregel:
lieber roh als durchgebraten. Man muss nicht gleich
die Bären zum Vorbild nehmen und den Lachs roh
servieren, obwohl die Japaner uns gelehrt haben, wie
das funktioniert.

Ehrlich gesagt, hängt die Vorliebe der Bären für Lachse
letztlich von der Größe der silbrigen Fische ab. Wirf
einem Bären einen Stichling in die Stromschnelle, wird
er nur gelangweilt brummen. Erst von einer gewissen
Größe — welche Stichlinge nur selten erreichen — lohnt
es sich, die Pfanne zu erhitzen.

***

„So ein Haufen Würste,
sie mögen weiß sein
oder vom ultravioletten
Sonnenschutz unberührt
dunkelbraun, ist tradi-
tionell der Höhepunkt
eines Tellers, wie er
in München oder im
benachbarten Elsass
(Strasbourg) den
begeisterten Touristen
vorgesetzt wird."

WÜRSTE

Sie sind definitiv der Höhepunkt der deutschen Küche.
Mehr noch: Es gehört großer Mut dazu, die weißen
und schwarzen Würste nicht zur Krone germanischer
Kochkunst zu erklären. Denn beide sind untrennbar
mit dem Sauerkraut verbunden, welches wiederum unter
den Ruhmesblättern deutscher Geschichte einen Platz
einnimmt, der ihnen, wenn überhaupt, höchstens durch
die Schlacht im Teutoburger Wald streitig gemacht
werden kann. (Sie erinnern sich: Varus trifft Arminius
in der Nähe von Bielefeld, wo er seinen Autoschlüssel
verliert.)

Die allen Schülern bekannte Begegnung hat scheinbar
keine Verbindung zu Hermann dem Cherusker. Doch wer
sich die Mühe macht, den heimischen Gemüsegarten
gründlich zu durchforsten, wird früher oder später
Entdeckungen machen, die ihn vom Gegenteil überzeugen.
Damit sind nicht rostige Gabeln gemeint und nicht
die Überreste eines antiken Handys. Beginnen Sie
stattdessen mit dem Graben…

So ein Haufen Würste, sie mögen weiß sein oder vom
ultravioletten Sonnenschutz unberührt dunkelbraun,
ist traditionell der Höhepunkt eines Tellers, wie er
in München oder im benachbarten Elsass (Strasbourg)
den begeisterten Touristen vorgesetzt wird. Ganz
notwendig ist dabei eine Sauerkrautunterlage, um jene
Euphorie auszulösen, welche Germanen, Teutonen und
anderes Kroppzeug automatisch befällt beim Anblick des
schwarz-weißen Ensembles. Man kann sogar sagen, dass

eine Portion Sauerkraut den Würsten erst zu ihrer
Bedeutung verhilft, mit der diese die historische
Aufgabe bewältigen können, Deutschland erneut so groß
zu machen, dass die Welt wieder einmal über die Tüch-
tigkeit und Fantasie der VW-Diesel-Ingenieure staunt.

***

SCHNECKEN

Es dürfte allen Feinschmeckern klar sein, dass hier nicht die eklige Nacktschnecke gemeint ist, welche nach einem Dauerregen aus ihren Löchern kriecht und grausame Verwüstungen im Salat anrichtet.

Sondern unser Interesse richtet sich ganz allein auf die Besitzerin eines Schneckenhauses. Auch wenn sie nicht gerade einen Weinberg auf dem Buckel trägt, wie das botanische Laien vermuten mögen.

Um die Immobilienbesitzerin, die Weinbergschnecke, geht es also. Dass sie der Nacktschnecke überlegen ist, sagten wir schon. Ihr Status macht ihr das Leben nicht automatisch leichter. Sie muss kriechen, wie alle Mollusken und — hier kommt der Hammer — sie schleppt zusätzlich noch ein Eigenheim mit sich herum. Wäre es nur eine einzelne Schnecke, würde niemand daran Anstoß nehmen. Aber wie es in der Natur nicht selten vorkommt, treten Weinbergschnecken oft in Massen auf. Da heißt es dann selektieren. Erfahrungsgemäß sind maximal ein Dutzend Schnecken eine ausreichende Portion pro Gourmet. Ob sie zusätzlich mit Knoblauch aromatisiert sind oder nicht ist Geschmackssache, die jeder Esser für sich entscheiden muss.

Einbruchsichere Türen sollten jedoch Vorschrift sein.

* * *

KRUSTENTIERE 2

Man kann sich vor ihnen kaum retten. Ob man sie Scampi nennt oder sonstwie, sie kommen einem ständig in die Quere. Als notdürftig getarnte Vorspeise ebenso wie als stolzes Softeis, manchmal pfefferig-scharf.

Sie sind beliebt wie weiße Ratten, die modischen Teenagern am Kragen herumturnen. Manche, die nicht so zutraulich sind, schaffen es gerade mal zur Kurzsocke, während eine aggressive Sorte es eindeutig auf Strand-urlauber abgesehen hat.

Doch die Furcht vor stacheligen Fremdkörpern ist un-nötig; denn nicht alle Krustentiere sind damit aus-gestattet. Manche — um nicht zu sagen ein großer Teil — verzichten auf die Attribute der Abwehr zugunsten einer pazifistischen Lebensform. Was ihren Verzehr nicht einfacher macht.

Denn es gibt ja nicht nur die stacheligen, leicht ekeligen Krabbeltiere, mindestens so auffällig sind die tiefrot gefärbten Exemplare, was nicht unbedingt zur Beruhigung neurasthenischer Naturen beiträgt.

Als damals die Rote Armee die Strecke Wladiwostok-Omsk in Rekordzeit bewältigte, genügte der Anblick der mit roten Emblemen geschmückten Lokomotiven, die Elektrifizierung Sibiriens voranzutreiben. Das ist zugegebenermaßen nicht gerade das, wovon die fleißige Genossin träumt, während sie eine Soljanka rührt.

* * *

74

„Was nun den Kürbis angeht,
so kann man versuchen,
ihn von seinesgleichen zu
unterscheiden wie Ernst
Jünger, der ein bedeutender
Insektenforscher war und
die einzelnen Krabbel-
tiere durch ihre Rang-
abzeichen unterschied
oder sie anhand ihres
Geruchs identifizierte."

KÜRBIS

Dem wachsamen Beobachter wird nicht entgehen, dass
Gemüse fast immer in größeren Mengen vorkommt, ob als
schmutzige Kartoffel oder als fröhliche Möhre.

Diese Gleichgültigkeit wirkt sich vor allem bei
Feldfrüchten aus. Kleine Gemüse leiden unter ihrer
Erscheinung, welche („Kleinvieh macht auch Mist")
zu Neurosen führen kann.

Als eindeutige Ausnahme ist der Kürbis zu betrachten.
Er ist bunt wie ein Papagei, kann störrisch sein
wie eine Bahnhofsuhr und hat keine Ähnlichkeit mit
einem Gemüse herkömmlicher Art. Erst wenn man ihn
öffnet, wird man gewahr, dass er in seinem Inneren ein
Geheimnis hütet: Ihm wachsen die Haare nach innen,
welche normalerweise als Hutersatz vorgesehen sind,
nämlich äußerlich.

Die Natur hat nun mal ihre eigenen Gesetze, sonst hätte
sich längst ein Philosoph wundern müssen, dass Oliven
blau-schwarze Abdrücke in der Bettwäsche hinterlassen.

Was nun den Kürbis angeht, so kann man versuchen, ihn
von seinesgleichen zu unterscheiden wie Ernst Jünger,
der ein bedeutender Insektenforscher war und die einzelnen Krabbeltiere durch ihre Rangabzeichen unterschied oder sie anhand ihres Geruchs identifizierte.

Zusätzlich kam ihm dabei die Terrasse des „Hotels Raphaël" zu Hilfe, welche es ihm erlaubte, die wichtigste Entdeckung seines Lebens zu machen, dass nämlich große Kürbisse immer hohl sind.

* * *

ÉCHALOTES GRISES

Auf Deutsch heißen sie graue Schalotten. Und das sind sie auch, nämlich nicht weiß, nicht blau, nicht rot oder wie Zwiebeln sonst gefärbt sein können, sondern grau. Das macht sie so einmalig.

Sie sind aber nicht nur wegen der staubigen Farbe auffällig, sie haben auch etwas Besonderes. Der graue Ton ist nämlich auch das Ergebnis einer Pigment-störung, wie sie (nicht nur bei Zwiebeln) vorkommt. Die kleinen Früchte sind nicht nur klein (nie größer als eine Haselnuss), sie sind auch wenig saftig. Mit dem Gewirr von scheinbar dichtem Laub, worin sie verborgen sind, machen sie gern den Eindruck von Herbstlaub. Ihr Geheimnis: Auf germanischen Märkten sind sie nicht zu finden.

Für ihre Verwendung muss der Verbraucher das Land und die Märkte wechseln, zudem sollte er ein neues Gemüsemesser einkalkulieren, denn die kleinen grauen Zwiebelchen sind verdammt hart.

Wozu sie den Realitäten einen Widerstand entgegen-setzen wie keine andere Zwiebel vor ihr, lässt sich wegen mangelndem Anschauungsmaterial (die fremden Märkte) nicht so leicht feststellen wie der doppelte Salto bei der entsprechenden Luftnummer.

* * *

„So genau wissen nicht
einmal Feinschmecker
zu sagen, ob das
grüne Gemüse oder die
roten Gewürzfäden die
Hauptrolle spielen
in diesem südlichen
Suppentopf. (Nein, die
Linsen sind es in keinem
Fall, weil zu deftig.)"

SAFRAN

LINSEN-MANGOLD-SUPPE MIT SAFRAN
Wir haben es hier mit einer rustikalen Suppe zu tun,
welche durch Safran interessant wird. Aber auch
dadurch, dass die Linsen nicht wie üblich mit Essig
oder Räucherspeck aromatisiert werden.

So genau wissen nicht einmal Feinschmecker zu sagen,
ob das grüne Gemüse oder die roten Gewürzfäden die
Hauptrolle spielen in diesem südlichen Suppentopf.
(Nein, die Linsen sind es in keinem Fall, weil zu
deftig.)

Trotzdem beginnt die Suppe, indem 200 g helle Linsen
in 1½ Liter Wasser ca. 40 Minuten zum Köcheln gebracht
werden. Während dieser Zeit die dicken, weißen Stiele
aus den Mangoldblättern herausschneiden. (Sie können
für ein anderes Rezept verwendet werden.) Die grünen
Blätter in schmale, dünne Streifen schneiden und
gründlich waschen.

1 Stange Lauch ebenfalls in feine Streifen schneiden.

In einem Bratentopf 2 EL Olivenöl und 1 EL Butter
zusammen mit 1 klein geschnittenen Zwiebel bei mäßiger
Hitze garen lassen, ohne dass sie Farbe annimmt.

Mangold und Lauch bei zunehmender Hitze 8 bis 10 Minuten dünsten. Weiteres Olivenöl angießen, 1 EL Tomatenmark unterrühren, pfeffern und salzen.

Inzwischen werden die Linsen gar sein. Davon püriert man die Hälfte mit einem Stabmixer und gibt sie zurück ins Kochwasser. (So wird die Suppe sämig.)

Alles Gemüse abschließend mit 1 großen Prise Safranpulver zusammen nur wenige Minuten verrühren und die Suppe heiß servieren.

* * *

FISCH

Es gibt so verschiedene Fischsuppen, wie es unter-
schiedliche Fische gibt. Jede Art von Fisch lässt sich
in eine Suppe verwandeln, kleine Fische, dicke Fische,
Fische, die aussehen, als wären sie bei einem Auto-
unfall ums Leben gekommen, rote Fische oder gestreifte
Fische, Fische mit vielen Gräten und solche, welche
statt der Gräten Tentakeln besitzen. Es gibt sogar
Fische, die zu den größten Meeresbewohnern überhaupt
gehören. Diese sind zur Suppe nicht sehr geeignet,
obwohl es eingetragene Anglerclubs gibt, die sich die
Mammut-Suppe zum Ziel gesetzt haben.

Letzten Endes ein großes Durcheinander, welches den
Vorzug hat, dass ein verbindliches Fischsuppenrezept
auf der ganzen Welt nicht existiert. Der Hobbykoch
kann also experimentieren, womit er will. Er muss sich
nur entscheiden: Will er eine pürierte Fischsuppe,
also eine ohne Gräten? Das wäre die rustikale Version,
wie sie von Husaren bevorzugt wird. Oder soll sie ihm
in einer Silberschüssel serviert werden, in der die
einzelnen Fische unversehrt bleiben?

Die Husaren-Version hat den Nachteil der Farbe
(braun), während sie wegen des Fehlens sämtlicher
Gräten auch Kindern zugemutet werden kann. Mit dem
Service in der Silberschüssel ist der Tatbestand des
Etepetete erfüllt, das heißt, das Essen wird einem
nicht gerade leicht gemacht: Die Silberschüssel wird
dem Gast im Mastkorb serviert, entweder in Gegenwart
des Kapitäns oder mehrerer Delfine.

* * *

„Im Fall der grünen Ravioli ist Spinat im Spiel, das weiß jedes Kind, egal von wem es vorher gefüttert wurde. Wohingegen die bleichen Ravioli keine Unter-schiede kennen. Sie sehen aus wie Mehl und schmecken wie Mehl."

RAVIOLI

Ob es DER oder DIE Ravioli heißt, ist in gastrono-
mischen Kreisen umstritten. Fest steht, dass es sich
um ein halb fertiges Mehlprodukt handelt, mit allen
Attributen, die der Konsument von halb fertigen
Produkten erwartet. Dazu gehört die Sauce Bologneser
Art ebenso wie ein 1.-Klasse-Billett der Schweizer
Bundesbahn, das nur in der 2. Klasse benutzt wurde.

Außerdem gehört zu den halb fertigen Produkten alles,
was der italienischen Küche entkommen ist, sowie auch
der Berliner Flughafen.

Flugreisende auf dem Weg nach Venedig trifft es
besonders, obwohl gar nicht sicher ist, ob eine
Zwischenlandung in der Lagune vorgesehen ist. Jedenfalls gibt es bleiche und grüne Ravioli, so wie es
bleiche und grüne Passagiere gibt, je nachdem, was
die Bordverpflegung ihnen zugemutet hat.

Im Fall der grünen Ravioli ist Spinat im Spiel, das
weiß jedes Kind, egal von wem es vorher gefüttert
wurde. Wohingegen die bleichen Ravioli keine Unter-
schiede kennen. Sie sehen aus wie Mehl und schmecken
wie Mehl. Wissbegierigen wird geraten, eine Ostasien-
reise anzuklicken, wobei die Möglichkeit besteht,
eine faltige Großmutter zu finden, welche noch die
alte Art des Teigrollens beherrscht, sodass mit
ihrer Hilfe die Herstellung eines Halbfertigprodukts
vermieden werden kann.

Um Irrtümer zu vermeiden, sei darauf hingewiesen, dass Elefantenrüssel keine Halbfertigprodukte sind. Sollte die reiselustige Hausfrau ihm, bei welcher Gelegenheit auch immer, mit ihrer schwäbischen Reisegruppe begegnen, ist es an dem Reiseleiter, sie in geziemendem Ton auf die Verwechslung hinzuweisen.

Merke: Nicht jedes Tier, das mit den Ohren wackelt, ist deshalb schon ein Elefant.

***

PULPO

Kein wohlbestallter Fischmarkt ohne Tintenfische,
das ist die Branche allein den Kindern schuldig,
die sich so schön gruseln können angesichts der mit
Saugnäpfen bedrohlich bestückten Fangarme dieser
unheimlichen Kreaturen. Hat doch jeder Lateinschüler
mittelalterliche Illustrationen gesehen, auf denen
hanseatische Koggen mit Mann und Maus ein Opfer der
Meeresungeheuer wurden.

Die Realität ist, wie immer, weniger drastisch,
weniger bedrohlich. Vor allem sind die Kreaturen
weniger groß. Kann sein, dass im Fang eines Fischers
sich ein Pulpo enormen Ausmaßes verfängt. Aber auch
der wird in der Markthalle von, sagen wir, Barcelona
oder Le Havre kein Aufsehen erregen. Denn unsere
Konsumenten sind Übergrößen gewöhnt. Nicht nur beim
Kürbis und beim Achtzylinder.

Probleme macht nur das Zerstückeln der einzelnen
Tentakel (wie die Schläuche auch genannt werden).

Dabei kommt es nicht so sehr auf die Schärfe des Mes-
sers an, als auf den Durchmesser der Tentakeln. Bei
gleichmäßiger Dicke werden sie beim Kochen gleichmäßig
gar. Lediglich der Zahl der unzähligen, kleinen weißen
Platten (Saugnäpfe) lässt sich nur annähernd schätzen.
Ich schaffte 24 788, danach brach ich die Nummerierung
erschöpft ab.

* * *

92

REZEPTE

Sämtliche Rezepte sind für 4 Personen berechnet, sofern
nicht anders vermerkt.

GEFÜLLTE ROTE PAPRIKA „ISTANBUL"

2 große Schalotten
Olivenöl
2 EL Pinienkerne
2 EL Rosinen
2 Zweige frischer Thymian
2 TL Koriander (frisch gezupft)
2 dicke Knoblauchzehen
Salz
400 g Langkornreis
Currypulver
2 Fleischtomaten
8 rote Paprikaschoten
Minzeblätter

1. Die Schalotten schälen, fein hacken, in etwas Öl andünsten, dann die Pinienkerne, die gewaschenen Rosinen, den Thymian und den Koriander dazugeben. Den Knoblauch schälen, hineinpressen und alles salzen.
2. Den Reis hinzufügen und mit anschwitzen lassen. Je nach Geschmack ½ bis 2 TL mildes oder scharfes Currypulver unterrühren.
3. Mit so viel Wasser aufgießen, dass es 1 cm über dem Reis steht. 2 Minuten sprudelnd kochen lassen, dann zugedeckt bei kleinster Hitze 40 Minuten ziehen lassen.
4. Die Tomaten kurz überbrühen, häuten, entkernen, in kleine Würfel schneiden und unter den fertigen Reis mischen.
5. Den Backofen auf 180 bis 200°C vorheizen. Von den Paprika einen Deckel abschneiden. Die Paprika putzen und waschen. Den Reis hineinfüllen. Eine flache, feuerfeste Form 1 cm hoch mit Wasser füllen, die Paprika hineinstellen. Mit Alufolie abdecken und in den vorgeheizten Ofen schieben.
6. Insgesamt brauchen die Paprika ca. 40 Minuten, um gar zu werden. Dazu benötigen sie eine starke Hitze, die den Reis aber nicht austrocknen oder gar die Paprika verbrennen darf. Also von Zeit zu Zeit kontrollieren und die Hitze entsprechend regulieren. Sind die Paprika gar, herausnehmen und auf jede einige gehackte Minzeblätter streuen.

SPARGEL MIT SAUCE HOLLANDAISE

500 g kleine, junge
Kartoffeln
Salz
1 kg weißer Spargel
Zucker
200 g Butter
1 EL Zitronensaft
4 Eigelb
Cayennepfeffer

1. Die jungen Kartoffeln
gründlich abbürsten (nicht
schälen) und in wenig
Salzwasser gar kochen.
2. Den Spargel schälen, die
Enden abschneiden und den
Spargel 15 bis 20 Minuten
in Salzwasser mit 1 Prise
Zucker garen.
3. Inzwischen eine hohe
Pfanne mit Wasser aufsetzen.
Daneben in einem Pfännchen
die Butter schmelzen lassen.
In eine halbkugelförmige
Metallschüssel oder in eine
Kasserolle 1 TL zerlassene
Butter, 1 EL Wasser, den
Zitronensaft und die Eigelbe
geben. Die Schüssel in die
Pfanne mit dem köchelnden
Wasser stellen und mit dem
Schneebesen nicht zu schnell,
aber regelmäßig schlagen,
bis der Inhalt sämig wird.
Die Masse sollte nicht heißer
als 40 °C werden. (Mit dem
Finger prüfen! Es muss aus-
zuhalten sein.)
4. Nun langsam, bei ständigem
Schlagen, die flüssige Butter
ins Eigelb rühren, die Molke
am Boden des Butterpfännchens
bleibt zurück. Ununterbrochen
weiterschlagen, dabei salzen
und mit Cayennepfeffer abschmecken. Nach etwa 15 Minuten sollte die Sauce steif
geworden sein.
5. Den Spargel auf einer
zusammengefalteten Serviette
abtropfen lassen und mit den
jungen Kartoffeln und der
Sauce hollandaise servieren.

Dazu empfehle ich Champagner.

REBHUHN MIT WEINKRAUT
UND KARTOFFELPÜREE

500 g Sauerkraut
1 Apfel
Butter
Wacholderbeeren
trockener Silvaner
Salz
Pfeffer aus der Mühle
schwarze Pfefferkörner
2 Rebhühner (küchenfertig)
große, dünne Scheiben fetter
Räucherspeck
500 g mehligkochende
Kartoffeln
etwas Sahne
Cayennepfeffer
frisch geriebene Muskatnuss
20 große Weintrauben

1. Das Sauerkraut nicht
wässern. Den Apfel schälen,
entkernen und klein
schneiden. In viel Butter
andünsten, das Sauerkraut
und 1 TL Wacholderbeeren
hinzufügen, etwas Silvaner
angießen, salzen, pfeffern.
Zugedeckt 2 Stunden schmoren
lassen, von Zeit zu Zeit
etwas Wein nachgießen.
2. Im Mörser 1 EL Wacholderbeeren mit 1 TL schwarzen
Pfefferkörnern und 1 TL gro-

bem Salz zerdrücken und mit
dieser Mischung die Brust der
Rebhühner einreiben. Die
Rebhühner mit den Speckschei-
ben rundherum umwickeln. Mit
einem Bindfaden so fest
zusammenbinden, dass man die
Pakete gefahrlos drehen und
wenden kann.
3. Den Backofen auf 250°C
vorheizen. 4 EL Butter zer-
lassen, die Rebhühner damit
begießen und auf die Seite
in eine passende Bratenform
legen; in den Ofen schieben.
Nach 10 Minuten die Rebhühner
auf die andere Seite und nach
weiteren 10 Minuten auf den
Rücken drehen. Nach insgesamt
30 Minuten ist die Brust gar.
Die Rebhühner herausnehmen,
auswickeln, die Keulen abschneiden und später oder am
nächsten Tag in der Pfanne
fertig braten. Die Brust-
hälften auslösen und warm
stellen.
4. Die Kartoffeln schälen und
in Salzwasser weich kochen.
Abgießen, wieder auf den
Herd stellen, zerteilen und
die Feuchtigkeit verdampfen
lassen. Dann stampfen, immer
ein wenig Sahne dazugeben
und weiterstampfen — nie

rühren! Mit Cayennepfeffer, Salz und Muskatnuss würzen; zum Schluss ein großes Stück Butter darin schmelzen lassen.

5. Pro Portion etwa 5 große, süße Weintrauben häuten, halbieren und die Kerne entfernen. Ganz zum Schluss ins Sauerkraut geben. Die Rebhuhnbrüste aufschneiden und mit Püree und Sauerkraut servieren.

 Zum Rebhuhn eine trockene Riesling Spätlese.

APRIKOSENKUCHEN MIT INGWER

4 Eier sowie die gleiche Gewichtsmenge von Butter, Mehl und Zucker
4 große, reife Aprikosen
1 EL kandierter Ingwer
Salz

1. Die Eier und die Butter rechtzeitig aus dem Kühl- schrank nehmen, damit sie Zimmertemperatur annehmen können. Die 4 Eier wiegen und jeweils die gleiche Menge Butter, Mehl und Zucker abwiegen. Eine Kastenform (ca. 1 l Inhalt) mit Alufolie auskleiden.

2. Die Aprikosen waschen, entsteinen und grob würfeln. Den Ingwer in kleinere Stücke schneiden. Beides vermengen.

3. Butter, Zucker und Eier schaumig rühren. Das Mehl und 1 Prise Salz unterrühren. Die gewürfelten Aprikosen und den klein gehackten Ingwer in den Teig mischen und die Masse in die Kastenform füllen.

4. Den Backofen auf 180 °C vorheizen und den Kuchen für ca. 1 Stunde backen. Die Oberfläche darf nicht zu braun werden – deshalb eventuell in den letzten 10 Minuten mit Alufolie abdecken. Der Kuchen ist herrlich saftig, und das bleibt er auch tagelang, wenn man ihn fest in Folie wickelt.

Zum Aprikosenkuchen passt ein Sauternes oder eine deutsche Trockenbeerenauslese.

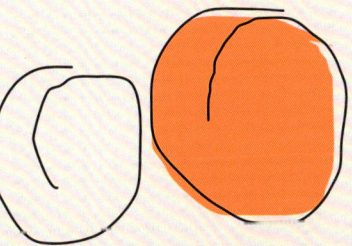

GLASIERTE MÖHREN
PRO PERSON

1—2 Möhren
Hühnerbrühe
Butter
Salz
Zucker

1. Möhren putzen, schälen,
der Länge nach vierteln und in
3 cm lange Stücke schneiden.
2. Die Möhren in einer Pfanne
in etwas Hühnerbrühe (ge-
körnte, warum nicht?) ohne
Deckel weich kochen. 1 großes
Stück Butter dazugeben,
salzen nicht vergessen, mit
Zucker bestreuen und bei
großer Hitze die Brühe verkochen lassen, bis die
Möhren von der Butter und
dem geschmolzenen Zucker
rundum glänzen; dann sind
sie glasiert.

KARTOFFELGRATIN DAUPHINOIS
FÜR 6 PERSONEN

VERSION 1:
1 kg halbfestkochende
Kartoffeln
1 Knoblauchzehe
Salz
Pfeffer aus der Mühle
frisch geriebene Muskatnuss
¼ l Bouillon
125 g Butter

VERSION 2:
1 kg halbfestkochende
Kartoffeln
Salz
Pfeffer aus der Mühle
⅛ l Milch
1 Knoblauchzehe
125 g Sahne
frisch geriebene Muskatnuss
100 g Butter

1. Das Grundprinzip ist für
alle Kartoffelgratins gleich:
Kartoffeln schälen, waschen,
abtrocknen und auf dem
Gemüsehobel in 3 mm dünne
Scheiben schneiden. Eine
ofenfeste Gratinform mit
einer angeschnittenen Knoblauchzehe ausreiben und
anschließend gut einfetten.

Eine erste Schicht Kartoffelscheiben — dachziegelartig
dünn — in die Form legen.
Salzen, pfeffern und mit
Muskatnuss würzen. Darauf
eine zweite Schicht legen,
wieder salzen, pfeffern und
abschließend eine dritte
Schicht Kartoffelscheiben.
2. Den Backofen auf 180°C
vorheizen. Das Gratin mit
einer leichten Bouillon
aufgießen, welche die
Kartoffeln nicht vollständig
bedecken darf. Mit Butterflöckchen besetzen und im
heißen Ofen 50 Minuten
backen. Bei dieser Version
backen die Kartoffeln am
Boden gern fest, und die
Oberfläche wird ziemlich
braun — viele Genießer
schätzen gerade das.
3. In einer zweiten Version
werden die Kartoffelscheiben
in gesalzener und gepfef-
ferter Milch aufgekocht und
wie beschrieben in eine mit
Knoblauch ausgeriebene

Gratinform gefüllt. Mit süßer
Sahne aufgießen, nochmals
salzen und pfeffern (und
Muskat nicht vergessen) und
wiederum einige Butter-
flöckchen obendrauf setzen.
Ebenfalls im Ofen bei 180°C
backen. Das Gratin gelingt
auch bei z.B. 120°C, wenn
man die Garzeit verlängert,
und es missrät garantiert,
wenn der Köchin zum Salzen
der Mut fehlt.

Passt perfekt zu Lamm, aber
auch zu anderen Fleisch-
gerichten.

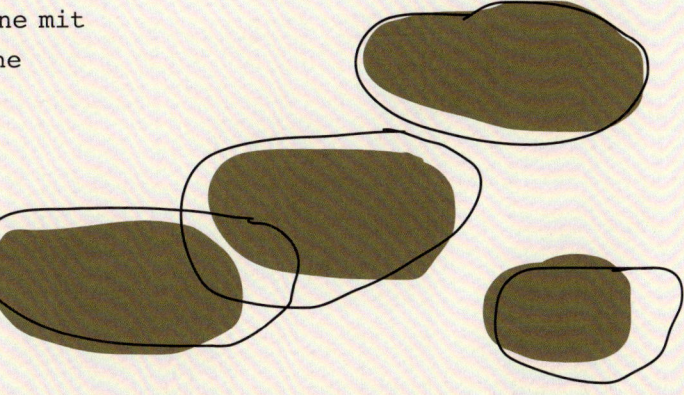

HUMMER MIT FADENNUDELN

1—2 Schalotten
Noilly Prat
Estragonessig
1 Zweig frischer Estragon
Salz, Cayennepfeffer
kalte Butter
125 g Sahne
1 große Fleischtomate
300 g Fadennudeln
2 lebende Hummer
à ca. 600—800 g

Zubereitung der Nudeln
mit Sauce:
1. In einer kleinen Sauteuse
4 TL geschälte und superfein
gehackte Schalotten in wenig
Noilly Prat und noch weniger
Estragonessig behutsam gar
dünsten, bis sie fast breiig
sind. Einige Blättchen
frischen Estragon mitköcheln
lassen. Salzen und mit
Cayennepfeffer würzen.
8 TL eiskalte Butter in die
Schalotten einmontieren.
Nach und nach die Sahne
hineinrühren und abschmecken.
2. Die Tomate überbrühen,
häuten und entkernen. In
kleine Würfel schneiden.
Das Tomatenconcassée in der
heißen Sauce erwärmen.

3. Gleichzeitig mit der Sauce
die Nudeln in Salzwasser
kochen und abtropfen lassen.
Auf vorgewärmten Tellern
anrichten, mit etwas Sauce
übergießen und mit den
Hummerstücken servieren.

Zubereitung der Hummer:
1. Die Hummer nacheinander
kopfüber in kochendes Salzwasser geben und nach 6 Minuten wieder herausnehmen.
2. Nur kurz abkühlen lassen
und dann ausbrechen: den
Schwanz vom Körper trennen
und die Schale entfernen; die
Scheren aus dem Vorderteil
drehen und mit einem Nuss-
knacker vorsichtig auf-
brechen, sodass sich das
innere Fleisch im Ganzen
herausziehen lässt. Es sollte
noch etwas glasig sein, dann
ist es saftig. Am Schwanzende
ist ein dünner schwarzer
Faden zu erkennen, das ist
der Darm, den man herauszieht.
3. Den Hummerschwanz in fin-
gerdicke Scheiben schneiden.
Mit den Nudeln anrichten.

Zum Hummer: ein frischer
Chardonnay.

TATAR VON AAL UND RADIESCHEN

ca. 4x10 cm Räucheraal
10 Radieschen
Salz
Zitronensaft
Cayennepfeffer
Sojasauce
Graubrot

1. Den Aal häuten und das Fleisch von der Gräte schneiden. Die braunen, härteren Ränder werden abgetrennt (sie kriegt die Katze). Sodann das Aalfleisch in längliche Streifen schneiden. Diese wiederum in kleine Stücke würfeln.
2. Mehrmals mit jeweils frischem Küchenpapier auf die Aalstücke drücken und diese mit Fett vollsaugen lassen, um das Gefühl zu haben, etwas für die Gesundheit zu tun.
3. Die Radieschen putzen, waschen, in dünne Streifen schneiden und klein hacken, aber nicht pürieren. Ungefähr so viel vorbereiten, dass es der Menge des gehackten Aals entspricht.
4. Die beiden Massen vermengen und mit Salz, Zitro-nensaft, Cayennepfeffer und einem Spritzer Sojasauce würzen. Der Räuchergeschmack des Aals darf dabei nicht verschwinden, deshalb die Radieschen nur portionsweise unter den Aal mischen und abschmecken. Zugedeckt mehrere Stunden im Kühl-schrank durchziehen lassen. Dann mit frisch geröstetem Graubrot servieren.

BLUMENKOHLSUPPE

500 g gekochter Blumenkohl oder anderes Gemüse
1,5 l Hühner- oder Rinderbouillon
200 g Sahne
1—2 Eigelb
Gewürze (siehe Rezept)
Olivenöl

1. Den gekochten Blumenkohl — oder ein anderes Gemüse — mit heißem Wasser abspülen, durch ein Sieb streichen oder im Mixer pürieren.
2. Den Gemüsebrei mit Bouil-lon aufgießen. Die Sahne mit dem Eigelb verquirlen, hinein-rühren und aufkochen lassen — das macht die Suppe sämig.

3. Nun kommt der wichtigste Teil: das Würzen. In der Grundversion kann das nur Salz, Pfeffer und Muskatnuss sein, aber der fantasiereiche Koch wird auch anderes (in einer Tasse neben dem großen Suppentopf) ausprobieren: Curry zum Beispiel passt zu vielen Gemüsen sehr gut, aber auch Zitrone, Kümmelpulver, Koriander oder frisch geriebener Ingwer — nur nicht alles gleichzeitig. Zum Schluss einen kleinen Schuss fruchtiges Olivenöl in jede Suppentasse geben.

QUITTENGELEE

1 kg Quitten
1 kg Zucker
Saft und Schale von
1 unbehandelten Zitrone

1. Die Quitten waschen und in grobe Stücke schneiden. In einen Topf geben, mit Wasser bedecken und bei kleiner Hitze leicht köcheln lassen, bis die Quitten weich sind.
2. Die Früchte durch ein Sieb passieren. Den Saft mit dem Zucker, Zitronensaft und -schalen aufkochen und etwa 4 bis 10 Minuten gelieren lassen. Anschließend in Einmachgläser füllen.

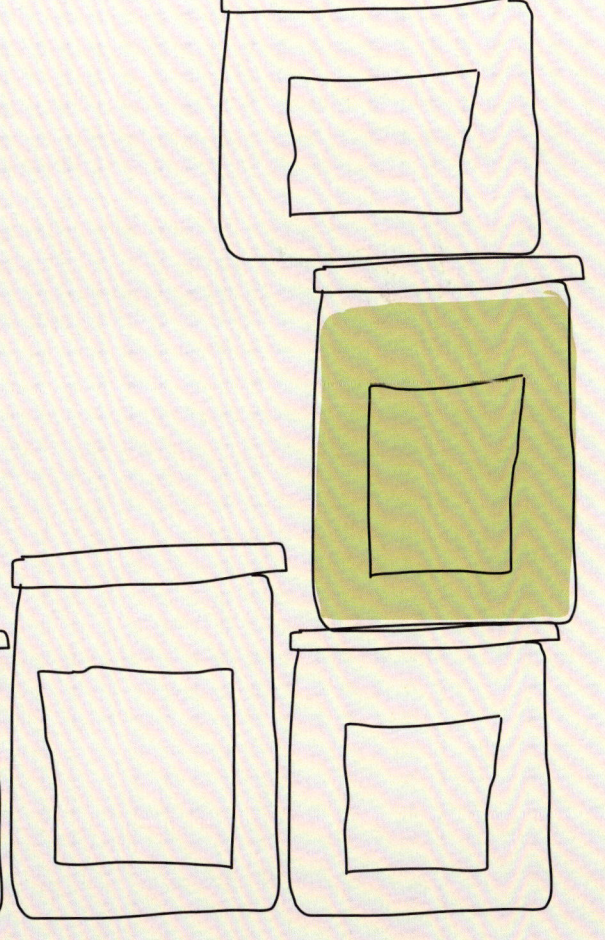

EINGELEGTER KNOBLAUCH

1 kg frischer Knoblauch
Rotwein
Rotweinessig
1—4 scharfe Chilischoten
2 EL Zucker
6 Gewürznelken
1 Lorbeerblatt
3 Sträußchen Thymian
Salz
Olivenöl

1. Die Knoblauchknollen in
die einzelnen Zehen zerlegen.
Ist es der erste frische
Knoblauch, geht das wie
bei dicken Bohnen mit den
Fingern. Älterer Knoblauch
wird in heißem Wasser kurz
gedämpft und dann mit dem
Messer von der Haut befreit.
Das dauert dann entschieden
länger. Man muss dabei sehr
aufpassen, dass die Zehen
nicht weich werden.

2. Aus gleichen Teilen
(je ⅓) Rotwein, Wasser und
Rotweinessig so viel Marinade
bereiten, dass die Zehen
davon gut bedeckt sind.
Der Rotwein sollte kräftig
sein, mit schöner Frucht und
deutlicher Säure: Côtes du
Rhône, Madiran, Chianti

o.Ä. Je nach Geschmack
1 bis 4 scharfe, fingergroße
Chilischoten sehr fein hacken
und hinzufügen. Dazu kommen
Zucker, Gewürznelken, Lorbeerblatt, Thymian und
1 Prise Salz. Über die
Knoblauchzehen gießen und
24 Stunden marinieren.
3. Am nächsten Tag den
Knoblauch in der Marinade
kochen: Frischer Knoblauch
braucht 10 Minuten, älterer
vielleicht nur 5. Erkalten
lassen, in Marmeladen- oder
Einmachgläser abfüllen und
mit einem Schuss Olivenöl
bedecken und einem Deckel
verschließen.

ZUCCHINI-KÜRBIS-RAGOUT

FÜR 4–6 PERSONEN

2 ungespritzte Zitronen
1 fingergroßes Stück frischer
Ingwer
300 g Kürbis
5 Zucchini (ca. 600 g)
2 große weiße Zwiebeln
(ca. 250 g)
2 Stiele Thymian
2 Gewürznelken
3 TL Zucker
Salz
1 TL schwarze Pfefferkörner
Weißwein

1. Die gelbe Schale und
das weiße Unterfutter der
Zitronen abschälen. Die
Zitronen in sehr dünne
Scheiben schneiden und
die Kerne entfernen.
2. Den Ingwer ebenfalls
schälen und in feinste
Partikel schneiden, da er
als einzige Zutat nicht
weich wird. Den Kürbis und
die Zucchini schälen und in
kleine Würfel schneiden.
3. Die Zwiebeln schälen,
halbieren, mit der Schnitt-
seite nach unten auf ein
Brett legen (damit sie nicht
wegrutschen können), quer zum
Brett mehrmals einschneiden,
dann von oben nebeneinander
mehrmals einschneiden und
anschließend von oben quer
in kleine Würfel schneiden.
4. Alles zusammen in eine
Kasserolle geben, Thymian,
Gewürznelken, Zucker,
1 Prise Salz und den im
Mörser zerstoßenen Pfeffer
hinzufügen und so weit
mit Weißwein auffüllen,
dass alles bedeckt ist.
Leise vor sich hin köcheln
lassen und von Zeit zu
Zeit kontrollieren, dass
das Gemüse nicht ansetzt;
eventuell noch etwas Weißwein
nachgießen.

Dazu passt Côtes de Provence,
weiß oder rot.

SALAT VON HARICOTS VERTS

FÜR DEN SALAT:

500 g Keniabohnen

Salz

250 g Gänse- oder

Entenleberterrine

200 g Champignons

FÜR DIE VINAIGRETTE:

Sherryessig

Salz

Zucker

Pfeffer aus der Mühle

Olivenöl

Walnussöl

1. Die Bohnen putzen, das heißt, die Enden abknipsen und, wenn die Bohnen zu lang sind, einmal in der Mitte durchbrechen und waschen.

2. Bohnen in sehr kräftig gesalzenem Wasser 6 bis 8 Minuten kochen. Immer wieder eine Bohne prüfen: Sie sollte sich leicht biegen lassen, also weder al dente noch matschig sein.

3. Sind die Bohnen gar, in ein Sieb abgießen und sofort in eine Schüssel mit Eiswasser legen. Das verhindert das Nachgaren und frischt gleichzeitig die grüne Farbe der Bohnen auf. Abtropfen lassen.

4. Aus Sherryessig, wenig Salz, 1 Prise Zucker, schwarzem Pfeffer sowie aus gleichen Teilen Olivenöl und Walnussöl eine Vinaigrette herstellen.

5. Die Gänse- oder Entenleberterrine in kleine Würfel sowie die Champignons — ohne Stiele — in Scheiben schneiden. Beides auf den Bohnen dekorativ anrichten. Zuletzt die Vinaigrette darübergießen. Dazu Stangenbrot servieren.

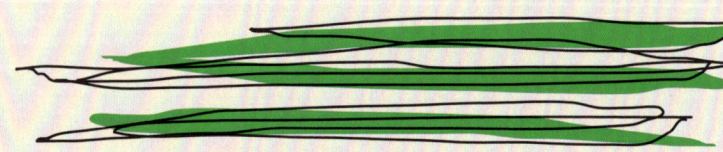

ERDBEERPARFAIT

FÜR DAS PARFAIT:
400 g Erdbeeren
4 Eigelb
250 g Zucker
2 EL Kirschwasser
Saft von 1 Zitrone
500 g Sahne

FÜR DIE SAUCE:
150 g Erdbeeren
¼ l Weißwein
Zucker
Zitronensaft

1. Die Erdbeeren putzen, waschen und mit dem Stabmixer oder im Mixer pürieren und durch ein Sieb streichen. Die Eigelbe in einer Schüssel aufschlagen, bis sie cremig sind, dann den Zucker hinein- rühren. Weiterschlagen, bis der Zucker sich aufgelöst hat; dabei wird die Masse immer heller und dicker. Das Kirschwasser dazugießen, alles mit den pürierten Erd- beeren und dem Zitronensaft verrühren. Abschmecken!
2. Die Sahne steif schlagen und unter das Erdbeerpüree ziehen. Die Masse in eine große Form oder kleine Förmchen füllen, die man am nächsten Tag auf den Tisch stellen oder aus denen man sie auf Dessertteller stürzen will. Über Nacht gefrieren lassen. Das Parfait vor dem Servieren 2 Stunden ins Gemüsefach stellen.
3. Für die Sauce die Erd- beeren putzen, waschen, klein schneiden und in Weißwein zu einem dickflüssigen Kompott kochen. Durch ein Sieb passieren und mit Zucker und nicht wenig Zitronensaft (abschmecken) so weit ein- kochen, bis eine sirupartige Konsistenz entsteht. Eine Sauce aus wirklich reifen, rohen Erdbeeren schmeckt sogar noch besser: mit reichlich Zitronensaft (immer wieder abschmecken!) und Zucker pürieren und mit etwas Grand Marnier zusätzlich aromatisieren.
4. Zum Stürzen die Förmchen kurz in heißes Wasser halten.

AUSTERN

12 Austern
Graubrot
Butter
1 Zitrone

Die geöffneten Austern werden
auf einer Platte serviert,
die mit Seealgen und vor allem
mit Eisstückchen belegt ist.
Sehr oft steht die Platte auf
einem Drahtgestell, unter dem
ein Teller mit dünnem Graubrot und Butter Platz hat.
Die Austern werden einzeln
höchstens mit einem Tropfen
Zitronensaft gewürzt.
In jeder Handbewegung, mit
der der Esser sich nun eine
Auster holt, liegt eine
unendlich große Erwartungs-
freude, die auch nach dem
zweiten Dutzend nicht
geringer wird. Wenn man die
Auster zum Munde hebt, sie mit
der kleinen Austerngabel vom
Boden der Schale löst (sofern
das nicht schon in der Küche
gemacht wurde), auf jede
zweite oder dritte einen
Spritzer Zitronensaft gibt,
die Schale an die Lippen
setzt, die Auster zusammen
mit dem köstlich-kühlen Meer-
wasser herausschlürft,
zerkaut und schließlich
schmeckend hinunterschluckt,
dann erlebt man mit jeder
Auster einen der Momente,
die für den Feinschmecker
gleichbedeutend sind mit
höchster Lebensqualität.

Dazu der Weißwein — mit fast
jeder Auster einen kleinen
Schluck — und zwischendurch
ein kleines Stückchen
Graubrot mit Butter — ich
gestehe, dass ich dafür
alle Wunderwerke der feinen
Küche hergebe.

Vollkommen aber ist ein
Austernessen erst mit dem
richtigen Wein. Das sind
trockene Weißweine, und zwar
möglichst Entre deux mers.

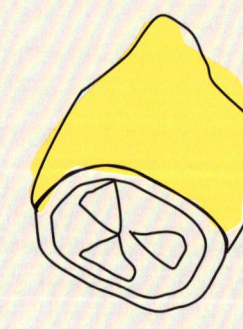

DICKE BOHNEN OHNE SCHALE
FÜR 2 PERSONEN

300 g junge, dicke Bohnen
Salz
Butter
Pfeffer aus der Mühle
Zitronensaft
1 EL Crème fraîche

1. Die Bohnen in Salzwasser
je nach Größe 4 bis 6 Minuten
blanchieren. In ein Sieb
schütten, abtropfen lassen
und die Kerne aus ihren Häuten
drücken.

2. Die Bohnen in einer Pfanne
in heißer Butter dünsten.
Wenig salzen und pfeffern,
mit reichlich Zitronensaft
aromatisieren. Sie sind
bereits nach wenigen Minuten
gar. Zum Schluss Crème
fraîche in die Pfanne geben
und verrühren, ohne dass
es kocht: Fertig ist ein
deutsches Gemüse in nie
gesehener Verfeinerung.

Als Beilage zu Hummer,
Jakobsmuscheln, Kalbsbries,
Hühnerbrust oder Fischen
mit festem Fleisch (Lotte,
Steinbutt, Petersfisch).

KREBSE IM SUD

500 g Möhren
1 große Zwiebel
6 Schalotten
1 Stück Sellerie (eigroß)
1 kleine Fenchelknolle
Butter
½ l trockener Riesling
4 Knoblauchzehen
1 Handvoll Dill
1 EL Zesten von Orangenschale
Cayennepfeffer
Salz
16—24 Krebse
4 EL Tomatenconcassée
(siehe S. 108)

1. Möhren, Zwiebel, Scha-
lotten, Sellerie und Fenchel
schälen, bzw. putzen, klein
hacken und in Butter so lange
andünsten, bis das Gemüse halb
gar ist. Es darf dabei aber
nicht braun werden! Mit dem
Wein ablöschen.
2. Knoblauch schälen und — ganz
oder in Stücken — mit Dill,
Orangenschale, Cayennepfeffer
und Salz zum Gemüse geben, mit
2 l Wasser auffüllen und so
lange kochen lassen, bis alles
durch und durch gar ist. Den
Sud in einen zweiten Kochtopf
durch ein Sieb passieren und
dabei das Gemüse mit dem
Holzlöffel gründlich aus-
drücken. Abschmecken.
3. Die Krebse sauber bürsten
und 2 oder 3 davon in den
sprudelnden Sud geben. Sie
werden rot und nach 5 Minuten
herausgenommen. Dann kommen
die nächsten 3 an die Reihe,
bis alle Krebse rot und halb
gar auf dem Tisch liegen.
Alle zurück in den köchelnden
Sud werfen und in 10 Minuten
zu Ende garen. Herausnehmen
und den Sud etwas einkochen
lassen.
4. Die Krebsschwänze vom
Körper drehen und die dicken
Schuppen abbrechen. Das
Fleisch mit einer kleinen
Gabel herausziehen und den
Darm suchen — ein kleiner
schwarzer Faden — und entfernen. Die Schwänze auf
Teller verteilen und mit dem
Sud übergießen (die Scheren
am nächsten Tag mit einer
Zange aufbrechen und essen,
wenn man mehr Zeit hat). Je
1 EL Tomatenconcassée auf die
Krebsschwänze geben sowie ein
Stück kalte Butter.

Zu den Krebsen:
Riesling Spätlese, trocken.

NORMANNISCHE MUSCHELSUPPE

1 Möhre
1 Zwiebel
1 Lauchstange
Butter
Salz
Pfeffer aus der Mühle
ca. 500 g Fischfleisch und
Fischabfälle
1 Lorbeerblatt
Weißwein
6—24 Miesmuscheln
2 Becher Sahne
2 Eigelb
Zitronensaft
½ TL Safranpulver

1. Möhre und Zwiebel schälen und klein schneiden. Von der Lauchstange nur das Weiße verwenden und klein schneiden. Das Gemüse in einem größeren Topf in Butter andünsten. Salzen und pfeffern. Fischfleisch und -abfälle sowie das Lorbeerblatt auf das Gemüse legen und mit Wasser und Weißwein zu gleichen Teilen aufgießen, bis alles bedeckt ist. Kurz aufkochen und dann 20 bis 30 Minuten leise köcheln lassen.

2. Den Fischsud in ein Sieb abgießen, etwas einkochen lassen und beiseitestellen.

3. Die Muscheln unter fließendem kaltem Wasser waschen und abbürsten; bereits geöffnete Muscheln nicht verwenden. In einem großen Topf wenig Salzwasser zum Kochen bringen, die Muscheln hineingeben und zugedeckt ein paar Minuten heftig kochen lassen; ab und zu rütteln. Die Muscheln sind gar, wenn sie sich geöffnet haben. Herausnehmen und auslösen. Das Kochwasser durch ein sehr feines Sieb oder ein Tuch gießen.

4. Die Hälfte des Fischsuds (ca. ½ l) in einen Topf gießen, den Muschelsud und die Sahne hinzufügen; etwas einkochen lassen. Die Eigelbe unterrühren, aufkochen und abschmecken. Pfeffer? Salz? Zitrone? Auf jeden Fall ½ TL Safranpulver. Die Muscheln hinzufügen und einen Moment ziehen lassen. In Suppentassen servieren. Dazu Stangenbrot servieren.

RÜHREI MIT SCHWARZEM TRÜFFEL

8 frische Eier
3 EL Milch
Salz
1 schwarzer Trüffel (100 g)
Pfeffer aus der Mühle
Butter

1. Die Eier in einer Schüssel aufschlagen, die Milch dazugeben und mit dem Schneebesen kurz verrühren. Mit Salz würzen.
2. Dahinein jetzt den Trüffel hobeln. Wer keinen Trüffelhobel besitzt, nimmt einen Gurkenhobel (ein Trüffelhobel ist etwas sehr Nützliches: zum Beispiel zum Hobeln von Hartkäse wie Parmesan und auch von Knoblauch, wenn man ihn hauchdünn in den Salat oder aufs Brot hobeln möchte). Ob man ihn so groß wie ein 2-Euro-Stück oder nur halb so groß hobelt, ist weniger entscheidend für den Geschmack. Trüffel unter die Eiermasse mischen und etwas schwarzen Pfeffer dazugeben.
3. Ein großes Stück Butter auf dem Herd in einer Pfanne schmelzen lassen, bis die Butter beginnt, braun zu werden. Die Eiermasse hineingießen und nur 1 bis 2 Minuten, je nach Größe der Pfanne, garen lassen. Dabei immer wieder mit dem Spatel wenden. Aufpassen, dass das Rührei nicht trocken wird; es sollte leicht cremig sein! Sofort servieren.

Dazu: Der trockene Y, der Zweitwein von Château d'Yquem oder ein Chardonnay aus dem Napa Valley.

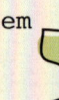

GRATIN VON CHAMPIGNONS

500 g Champignons
2 Schalotten
Butter
Saft von ½ Zitrone
Salz
Pfeffer aus der Mühle
2 Eier
frisch geriebene Muskatnuss
250 g Sahne
150 g Gruyère

1. Die Champignons putzen (möglichst nicht waschen), Stiele entfernen und die Köpfe in nicht zu dünne Scheiben schneiden. Die Schalotten schälen, in winzige Partikel schneiden und in 1 EL Butter glasig dünsten, bis sie gar sind. Die Champignons dazugeben und die Hitze höherschalten, aber nicht so hoch, dass die Pilze anbrennen. Den Zitronensaft hinzufügen, salzen, pfeffern. Wenn die Pilze gar sind, dürfen sie nicht trocken gekocht sein, aber auch nicht im eigenen Saft schwimmen.
2. Eier, Pfeffer und Muskatnuss in der Sahne verquirlen. Gruyère reiben und unterrühren. Die Champignons in eine gut ausgebutterte Form geben und mit dem Eier-Sahne-Käse-Gemisch übergießen, bis sie fast bedeckt sind. Darauf Butterflöckchen verteilen und alles in der Mitte des Backofens gratinieren, bis die Oberfläche goldbraun ist. In der Form servieren. Dazu kann man Reis essen, muss aber nicht. Besser passt eigentlich ein Stück Stangenbrot.

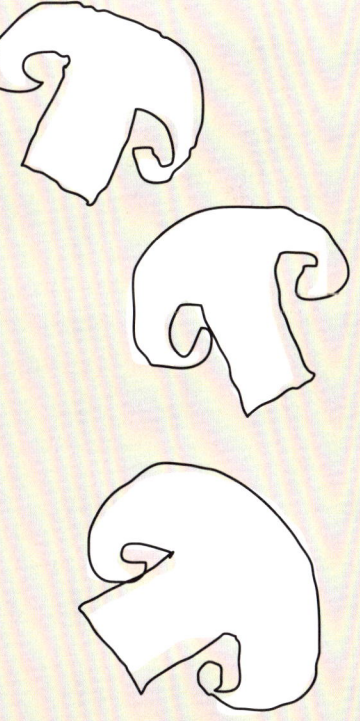

LACHS MIT KARTOFFELPÜREE

500 g Kartoffeln
Salz
50 g getrocknete Tomaten
Olivenöl
1 Schalotte
1 Knoblauchzehe
10 schwarze Oliven
Basilikum
1 Lachsfilet à 400 g
100 g Crème fraîche
Pfeffer aus der Mühle

1. Die Kartoffeln waschen und mit der Schale in Salzwasser garen.

2. Die getrockneten Tomaten in kleine Streifen schneiden und mit 3 EL Olivenöl mischen. Die Schalotte schälen und in kleinste Partikel schneiden. Die Knoblauchzehe schälen und im Mörser mit Salz zerdrücken. Die Oliven entsteinen und in kleine Stücke schneiden. 1 Handvoll Basilikum klein hacken.

3. Vom Lachsfilet den fetten Rand abschneiden, mit einer Pinzette evtl. noch vorhandene Gräten herausziehen. Das Lachsfilet quer in 4 Stücke schneiden.

4. Die Kartoffeln pellen. Die Schalotte mit dem Knoblauch in 1 bis 2 EL Olivenöl andünsten, die Kartoffeln und die Crème fraîche dazugeben und mit dem Stampfer grob zerdrücken. Die Tomatenstreifen samt Öl, das klein gehackte Basilikum und die Oliven einrühren; pfeffern, salzen und erwärmen.

5. Die Lachsfilets salzen und pfeffern und in einer Pfanne mit 2 EL heißem Olivenöl auf der Hautseite langsam braten, bis die Filets von unten herauf fast bis zur Hälfte weiß geworden sind; für 1 Minute mit Deckel weiterbraten. Zusammen mit dem Püree auf vorgewärmten Tellern anrichten. Basilikum darüberzupfen und alles mit Olivenöl beträufeln.

SAUERKRAUT

1—2 Schalotten
1—2 säuerliche Äpfel
Butter
2 Lorbeerblätter
16 Wacholderbeeren
500—750 g Sauerkraut
1 Glas Weißwein
Salz
Zitronensaft
Zucker

1. Die Schalotten schälen und
in kleine Partikel schneiden.
Den oder die Äpfel schälen,
entkernen und klein würfeln.
Apfelstücke und Schalotten im
Verhältnis 3:1 in wenig Butter
andünsten. Bei 4 Portionen
2 Lorbeerblätter und 16 Wacholderbeeren hinzufügen.
Dahinein kommt das Sauer-
kraut. 1 Glas Weißwein angießen und so lange schmoren
lassen, bis Äpfel und
Schalotten verkocht sind.
2. Abschmecken, fertig! Abschmecken kann Salz bedeuten,
und, wenn das Sauerkraut
gewässert wurde, etwas
Zitronensaft. Aber auch
Zucker, eine kleine Prise,
tut dem Sauerkraut gut.

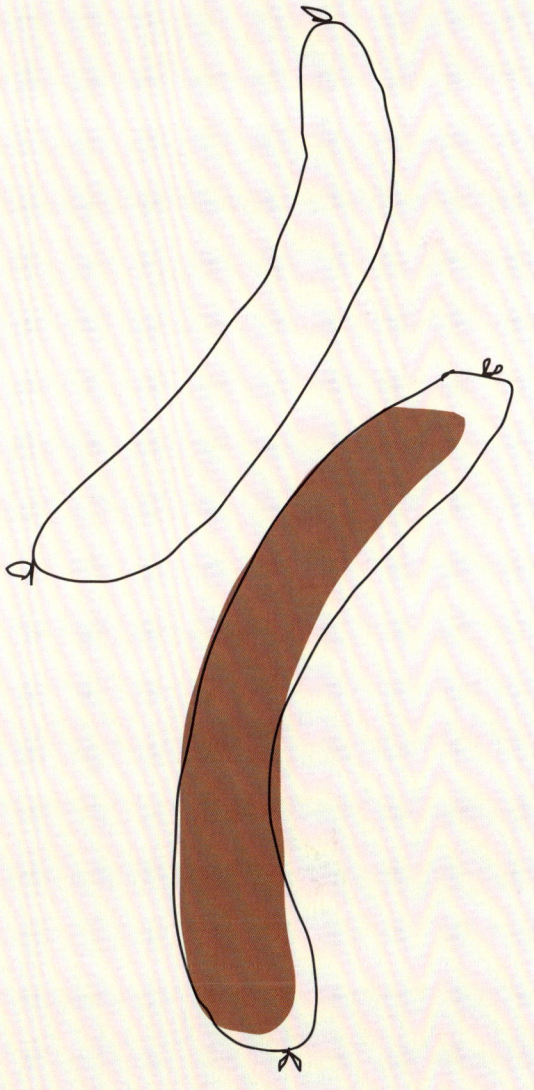

SCHNECKEN IN BLÄTTERTEIG

12 Schnecken (aus dem Glas;
küchenfertig)
1 Schalotte
Butter
1 TL Currypulver
½ Glas Sherry
Salz
Pfeffer aus der Mühle
1 Packung Butter-Blätterteig
(aus dem Kühlregal)
ca. 350 g Sauerkraut
(siehe S. 123)
1 Eigelb

1. Die Schnecken trocken
tupfen und halbieren.
2. Die Schalotte schälen und
fein hacken. Etwas Butter in
eine Pfanne geben und Schalotte und Schnecken darin
andünsten.
3. Mit dem Currypulver
bestäuben und mit dem Sherry
ablöschen. Mit Salz und
Pfeffer würzen und die Pfanne
vom Herd ziehen.
4. Den Backofen auf 200 °C
vorheizen. Den Blätterteig
auf einer bemehlten
Arbeitsfläche ausrollen.
5. Die Schnecken mit dem
Sauerkraut vermischen —
das Kraut sollte möglichst

trocken sein. Falls es zu
viel Flüssigkeit enthält, mit
Küchenpapier trocken tupfen.
6. Das Schneckenkraut auf
eine Hälfte der Teigplatte
verteilen und die andere
Hälfte darüberschlagen.
Die Ränder fest andrücken
und mit verquirltem Eigelb
bestreichen. Sie können die
Blätterteigplatte auch in
Scheiben schneiden und das
Kraut darauf verteilen. Mit
Teigscheiben belegen und
die Ränder ebenfalls fest
andrücken.
7. Den Blätterteig auf das
heiße Backblech geben und
1 EL kaltes Wasser auf das
Blech träufeln. Gefüllten
Blätterteig 20 bis 30 Minuten
goldbraun backen.

Dazu Elsässer Riesling
servieren.

GARNELEN PROVENÇALISCH

ca. 800 g Garnelen
(2—3 St. auf 100 g)
Olivenöl
Salz
Cayennepfeffer
Safran (Pulver oder Fäden)
1 dicke Knoblauchzehe
Butter
2—3 EL Tomatenconcassée
(siehe S. 108)
1 TL Pernod
Zucker

1. Die Schalen der Garnelen mit den Fingern entfernen. Das ist ganz einfach: an der Unterseite — wo die Beinchen sitzen — aufbrechen; der Rest ähnelt dem Schälen eines hart gekochten Eis. Das dunkle Schwanzende abreißen, meist wird dabei auch der dünne Darm herausgezogen. Falls nicht, kann man — muss aber nicht — das dicke Schwanzende senkrecht einschneiden; dann erwischt man den Darm bestimmt.
2. In einer Pfanne eine großzügige Menge Olivenöl sehr heiß werden lassen. Die Garnelenschwänze hineinlegen (Vorsicht, es spritzt!).

Salzen, mit Cayennepfeffer würzen (der Pfeffer sollte sich deutlich bemerkbar machen!) und mit 1 Msp. Safranpulver (bzw. ½ TL Safranfäden) bestreuen. Nach 1 Minute die Schwänze einzeln herumdrehen, wieder salzen. 1 geschälte Knoblauchzehe über der Pfanne durchpressen und die Pfanne schütteln, damit sich die Zutaten vermischen. Nach 2 Minuten vom Herd nehmen. Die Schwänze — sie sind leicht rosa geworden — mit einem Schaumlöffel herausheben und auf Tellern anrichten.
3. 1 EL Butter in die Pfanne geben, aufschäumen lassen, 2 bis 3 EL Tomatenconcassée hinzufügen, abschmecken. Pernod sowie 1 Prise Zucker dazugeben, kurz aufkochen und über die Garnelen gießen. Dazu gibt's nur Stangenbrot.

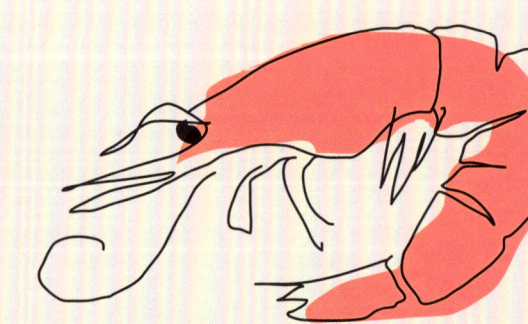

KÜRBIS-CHUTNEY

500 g Kürbis
4 große, weiße Zwiebeln
1 kleine Aubergine
Olivenöl
1 Chilischote
4 Gewürznelken
1 TL getrockneter Thymian
1½ EL Zucker
1 TL Korianderkörner
4 EL Weinessig
1 großes Glas Portwein oder
Madeira
Safranpulver
1 geh. TL Tomatenmark
Salz
2 EL Rosinen

1. Den Kürbis schälen und
sein weiches Inneres
herauskratzen. Den Kürbis
in Würfel von 3 cm Kanten-
länge zerteilen. Die Zwiebeln
schälen, halbieren und in
sehr feine Scheiben
schneiden. Die Aubergine
waschen und ungeschält
würfeln, doch die Würfel nur
halb so groß wie die des
Kürbis schneiden. Da sie an
der Luft schnell unansehnlich
werden, Auberginen erst im
letzten Moment schneiden,
wenn Zwiebeln und Kürbis
bereits in reichlich Olivenöl dünsten.
2. Die Auberginenwürfel mit
Chilischote, Gewürznelken,
Thymian, Zucker, Koriander-
körnern, Weinessig, Portwein
oder Madeira, 1 Prise Safranpulver und Tomatenmark zu
Kürbis und Zwiebeln in die
Kasserolle geben. Salzen,
mit Wasser aufgießen und das
Chutney zugedeckt 60 bis
90 Minuten köcheln lassen.
Immer wieder Nachwürzen wird
nötig sein, da der richtige
herzhafte Geschmack auf
Anhieb nur schwer ans Chutney
zu bringen ist.
3. Kürbis, Auberginen und
Zwiebeln müssen richtig weich
sein, die Zwiebeln dürfen
sogar ein wenig verkochen.
Abschließend die Rosinen
unter das Chutney mischen
und alles einige Stunden
durchziehen lassen. Am
nächsten Tag als Horsd'œuvre
zum Brot servieren.

ZWIEBELKUCHEN MIT GRÜNEM PFEFFER

FÜR DEN MÜRBETEIG:
250 g Mehl
125 g Butter
Salz

FÜR DIE FÜLLUNG:
500 g Zwiebeln
1 rote Paprikaschote
Butter
1–2 Tassen trockener Weißwein
Salz
200 g Sahne
2 Eier
2 TL grüner Pfeffer

1. Aus Mehl, Butter und 1 EL Salz mit den Fingern einen Mürbeteig kneten, zu einer Kugel formen und für 1 Stunde ruhen lassen.

2. Die Zwiebeln schälen, halbieren und in dünne Scheiben schneiden. Paprika putzen, entkernen und waschen. In dünne Streifen schneiden und diese wiederum in gleichmäßig kleine Stückchen hacken. Die Zwiebeln in 2 EL Butter andünsten (sie dürfen nicht braun werden) und mit dem Weißwein aufgießen; salzen. Nach 10 Minuten die Paprikastückchen dazugeben und alles zugedeckt weich kochen lassen. Von Zeit zu Zeit kontrollieren, dass die Zwiebeln nicht anbrennen, eventuell etwas Wein nachgießen. Wenn sie nach 20 bis 30 Minuten gar sind, sollten sie so trocken wie nur möglich sein.

3. Den Teig ausrollen und in eine runde Quicheform von 26 cm Durchmesser legen, überstehende Ränder mit dem Nudelholz wegrollen. Die Zwiebeln auf dem Teig gleichmäßig verteilen.

4. Den Backofen auf 180 °C vorheizen. Die Sahne mit den Eiern verrühren, salzen und mit dem im Mörser grob zerstoßenen grünen Pfeffer würzen. Die Mischung über die Zwiebeln gießen und den Kuchen mit Alufolie abdecken. Auf den unteren Rost des vorgeheizten Backofens stellen. Alufolie nach 15 Minuten entfernen und weiterbacken. Wenn die Sahne stockt und die Zwiebeln leicht gebräunt sind, sollte auch der Teigboden gar sein. Wenn nicht, wird noch einmal mit Alufolie abgedeckt weitergebacken. Den Zwiebelkuchen noch warm servieren.

GEBRATENE GAMBAS MIT SAFRAN

6—8 große Gambas (roh
aufgetaut)
1 Döschen Safranpulver
(0,1 g)
1 Chilischote
Meersalz
1 dicke Knoblauchzehe
½ Zitrone
Olivenöl

1. Zuerst den Gambas den Kopf
mit dem Vorderteil abdrehen.
Dann die großen Schuppen
entfernen, die den Panzer
bilden (auch das macht man mit
den Fingern). Ein kleiner
Schnitt senkrecht ins Rücken-
ende legt einen dünnen,
schwarzen Faden frei; das ist
der Darm. Er wird heraus-
gezogen. Die Gambas unter
fließendem kaltem Wasser kurz
abspülen und mit Küchenpapier
trocken tupfen.
2. Sodann die Gewürze vorbereiten: ein Döschen mit
Safranpulver bereitstellen.
Im Mörser die Chilischote und
(je nach Zahl und Größe der
Gambas) 1 bis 2 TL Sel de
Guérande (Meersalz)
zerstoßen. Die Knoblauchzehe
schälen und in die Knoblauch-
presse geben. Die Zitrone
auspressen.
3. In einer gusseisernen
Pfanne oder Gratinform
2 EL Olivenöl erhitzen.
Zuerst den Safran hinein-
streuen, dann die Gambas
einlegen und sofort mit dem
gemörserten Chili und Meersalz bestreuen. 1 Minute
braten, den Knoblauch darü-
berpressen, die Gambas wenden
und nach 1 weiterer Minute mit
Zitronensaft beträufeln,
herausnehmen und servieren.
4. Die Gambas sind innen noch
leicht glasig, also noch nicht
ganz gar, so schmecken sie am
besten. Ihre typische Süße
ergibt zusammen mit dem Safran
und dem Knoblaucharoma einen
besonderen Wohlgeschmack.

Zu den Gambas passt gut ein
weißer Châteauneuf-du-Pape.

PROVENÇALISCHE FISCHSUPPE

2—4 kg Fische und Fischreste
vom Fischhändler (s. Pkt. 1)
1 Lauchstange
2 Zwiebeln
4 Tomaten
1 Möhre
1 Stückchen Sellerie
1 Fenchelknolle
3 Knoblauchzehen
Olivenöl
Salz oder Anchovis
Pfeffer aus der Mühle
2 Stiele Thymian
2—3 EL Pernod
½ TL Safranfäden
½ l Weißwein
Tomatenmark

FÜR DIE MAYONNAISE (ROUILLE):
4—6 Knoblauchzehen
2 Eigelb
Olivenöl nach Bedarf
Paprikapulver
Cayennepfeffer
Zitronensaft
Salz

1. Beim Fischhändler eine
Mischung aus ganzen Fischen
und Fischresten (Köpfe,
Gräten, Häute) bestellen:
Rougets bzw. Rotbarben,
Rascasse (Drachenkopf),
Doraden usw., aber auch z.B.
Seezungengräten und -häute,
Lachskopf, Rotzunge, Seehecht
oder Rotbarschfilets. Nur
Makrelen, Heringe und Aale
sowie Flussfische wie Forel-
len etc. sollten es nicht
sein. Die Fische sollten
geschuppt und ausgenommen
sein, und wenn beim Fischhändler gerade kein Betrieb
ist, alles in Stücke schneiden lassen, mit Haut und
Haaren, Köpfen und Schwänzen.
2. Das Gemüse putzen und in
kleine Stücke schneiden, die
Knoblauchzehen zerdrücken.
Knoblauch und Tomaten
brauchen nicht geschält zu
werden, da alles später durch
ein Sieb gedrückt wird.
3. In einem großen Topf mit
schwerem Boden 1 Tasse
Olivenöl erhitzen und das
Gemüse in dem heißen Öl
andünsten, ohne dass es braun
wird. Also ständig rühren.
Dabei bereits mit Salz und
Pfeffer sowie mit Thymian
würzen. Sofern vorrätig,
statt Salz klein gehackte
Anchovis nehmen. Das Gemüse
soll in diesem Frühstadium
bereits ein kräftiges Aroma

bekommen, weil Gewürze sich später im Wasser nicht so gut entwickeln wie im heißen Öl. Jetzt auch den Pernod dazugeben sowie die Safranfäden (oder -pulver).

4. In der Zwischenzeit 2 l Wasser aufkochen und zum Gemüse in den Suppentopf gießen. Ob die Fischstücke erst jetzt ins Wasser gelegt werden oder bereits vorher mit dem Gemüse ein wenig mitgedünstet sind, scheint unwesentlich zu sein. Den Weißwein ebenfalls dazugießen. Die Fischstücke müssen bedeckt sein. Aufsteigenden Schaum abschöpfen und das Ganze ungefähr 30 Minuten ohne Deckel leise köcheln lassen, länger nicht. Fisch ist, im Gegensatz zu Fleisch, sehr schnell ausgekocht. Längeres Kochen würde der Suppe die Frische nehmen und eine gewisse Klebrigkeit bewirken.

5. Alles — in Etappen — durch ein großes Sieb passieren und dabei Fisch und Gemüse so gut wie möglich ausdrücken und wegwerfen. Die Suppe wieder auf den Herd stellen und abschmecken. Sie wird noch sehr fade schmecken, also nachsalzen und -pfeffern, aber das wird nicht genügen. Vielleicht noch Tomatenmark, etwas Safran, Pernod, Paprika oder von allem etwas hinzufügen. Immer wieder probieren, bis die Suppe einen kräftigen Geschmack hat.

6. Während Gemüse und Fisch leise vor sich hin geköchelt haben, war genügend Zeit für die Rouille. Sie ist eine Abart des Aioli und ohne sie ist eine passierte Fischsuppe nicht vollständig. Pro Person 1 bis 2 Knoblauchzehen schälen und im Mixer oder mit dem Stabmixer pürieren. Die Eigelbe aufschlagen, bis sie dick und weißlich sind, das Knoblauchpüree hineinrühren und dann, zunächst nur tropfenweise, bei ständigem Rühren mit dem Schneebesen das Olivenöl. Zwischendurch mittelscharfes Paprikapulver — für die Farbe — hineinstreuen sowie mit Cayennepfeffer, einigen Tropfen Zitronensaft und Salz abschmecken.

7. Ganz wichtig: Eigelb und Olivenöl müssen so warm sein, wie Rotwein in schlechten

Lokalen serviert wird! Sollte
das Öl sich dennoch trennen,
ein neues Eigelb in eine
neue Schüssel geben und das
missglückte Produkt unter
Schlagen hineintropfen. Die
fertige Rouille sollte so
steif sein wie Mayonnaise
und so gewürzt, dass sie auch
mit dem Teelöffel zu essen
ist, ohne dass der Notarzt
kommen muss.

8. Dazu gibt's geröstete
Scheiben vom Stangenbrot.
Man kann etwas Rouille auf
die Scheiben kleckern und
diese in die Suppe legen,
man kann auch Rouille in
seinen Teller rühren und das
Brot dazu essen: Es schmeckt
einfach göttlich!

Am besten: ein nicht fruch-
tiger leichter Weißwein,
etwa ein Muscadet von der
Loire. Mir würde auch ein
frischer, gut gekühlter
Roter aus der Provence dazu
schmecken.

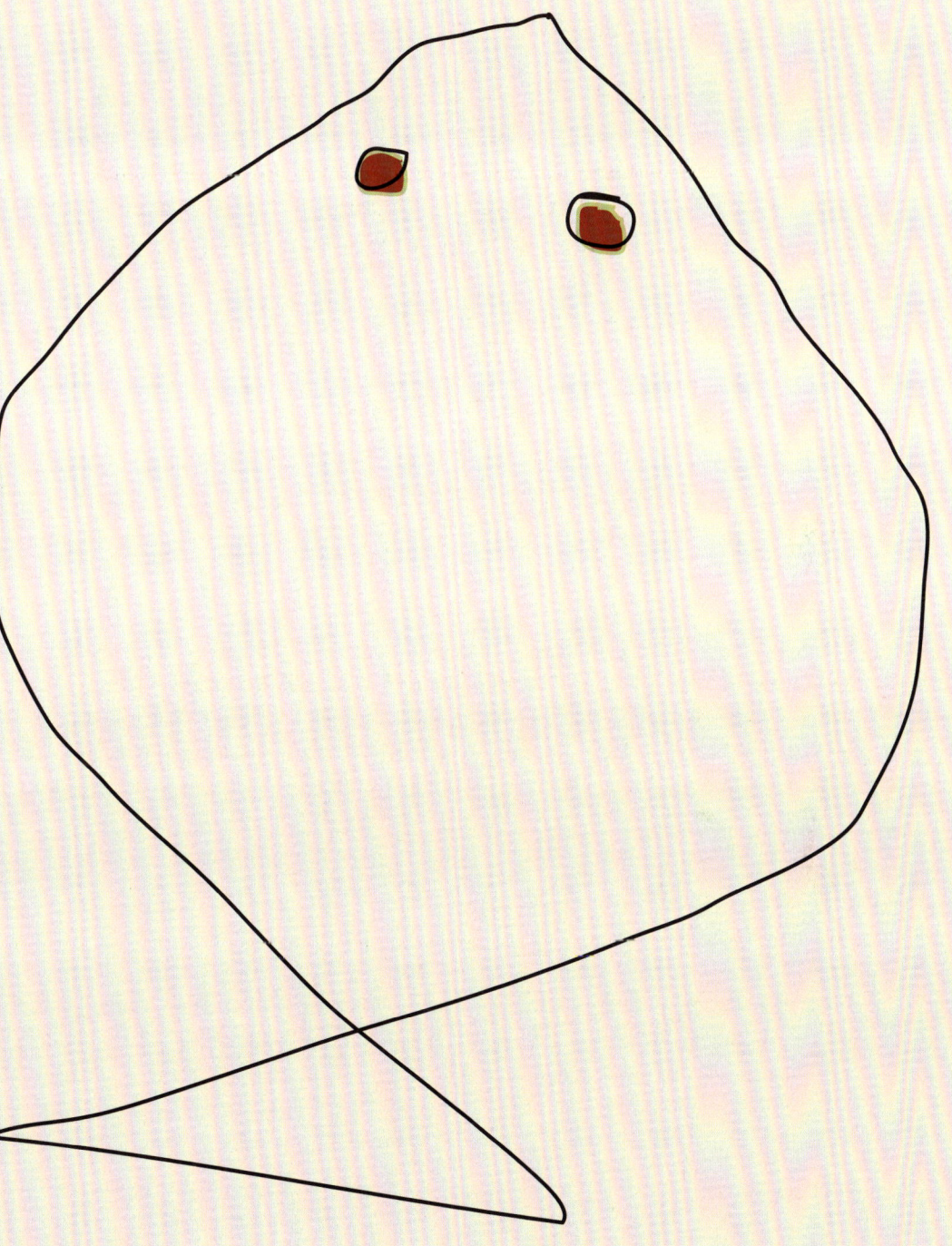

RAVIOLI MIT MORCHELN

FÜR DIE EINLAGE:
30—50 g getrocknete
Morcheln
1 Schalotte
Butter
1 kleines Glas Portwein
1 EL Zitronensaft
Salz
200 g Blattspinat
1 TL Tomatenmark
2 TL Pecorino
Balsamico
Pfeffer aus der Mühle
1 Eigelb

FÜR DEN TEIG:
300 g Mehl
100 g Hartweizengrieß
5 Eigelb
Salz

1. Die gut gewaschenen Morcheln für 2 Stunden in Wasser einweichen.
2. Die Zutaten für den Teig zu einem geschmeidigen Kloß verkneten, in Folie wickeln und 1 Stunde im Kühlschrank ruhen lassen.
3. Die Morcheln aus dem Einweichwasser nehmen (das Wasser nicht wegschütten!), noch einmal unter fließendem Wasser gut ausspülen, damit möglichst aller Sand verschwindet, die Stiele abschneiden und die Pilze in ungefähr gleich große Stückchen schneiden.
4. Die Schalotte schälen und fein hacken. Zusammen mit den Pilzen in 1 EL Butter andünsten. Etwas Einweichwasser, den Portwein und den Zitronensaft hinzufügen, salzen und köcheln lassen, bis die Pilze gar sind und die Flüssigkeit fast vollständig eingekocht ist (ca. 30 bis 40 Minuten). Abschmecken.
5. Inzwischen den Spinat waschen und in sehr wenig kochendem Salzwasser ein paar Minuten blanchieren. Abtropfen lassen und so gut wie möglich ausdrücken und klein hacken. Die Pilzmasse mit dem Spinat, Tomatenmark und Käse vermengen und mit Balsamico abschmecken.
6. Den Teig auf etwas Mehl sehr dünn ausrollen und 6 cm große Kreise ausstechen. Dünn mit verquirltem Eigelb bepinseln und jeweils einen Kreis mit etwas Morchelmasse belegen, einen zweiten darüberlegen und die Ränder

andrücken. In Salzwasser 4 Minuten leicht kochen lassen. Vorsichtig abgießen, mit zerlassener Butter beträufeln und mit Pfeffer aus der Mühle bestreuen.

TINTENFISCHE MIT WEISSEN BOHNEN

200 g weiße Bohnen
1 rote Chilischote
1 Lorbeerblatt
Salz
1 große Schalotte
1 große Tomate
1—2 Knoblauchzehen
600 g Kalmare
Olivenöl
Zitronensaft
Safranpulver
100 g schwarze Oliven

1. Die Bohnen — einweichen ist bei dieser Sorte nicht nötig — werden mit der Chilischote, dem Lorbeerblatt, Salz und der geschälten und halbierten Schalotte 1½ Stunden in Wasser gar gekocht. Abgießen und warm stellen.
2. Die Tomate überbrühen, häuten, entkernen und in kleine Würfel schneiden. Den Knoblauch — in beliebiger Menge — schälen und klein hacken. Beides mit den warmen Bohnen vermischen und abschmecken.
3. Die Kalmare unter fließendem kaltem Wasser waschen, dabei vielleicht noch vorhandene Reste — z.B. den Chitin-Stab — entfernen. Kalmare in kurze Streifen, aber nicht in Ringe schneiden. Nass wie sie sind in sehr heißes Olivenöl geben. Sofort den Deckel drauf, weil es sehr spritzt. Dann schnell mit Salz und viel Zitronensaft würzen. Bereits nach 2 (!) Minuten sind die Kalmare gar, nämlich butterzart. Herausnehmen; jede Minute länger würde sie zäh werden lassen.
4. Den Sud, in dem sie gegart wurden, mit 1 Prise Safran würzen, noch etwas einkochen lassen, um sowohl Geschmack als auch Konsistenz zu konzentrieren, und eine Handvoll kleine, schwarze Oliven hinzufügen. Alles mit den warmen Bohnen vermischen und mit fruchtigem Olivenöl übergießen.

„Die Deutschen halten bei Tisch immer den Mund, obwohl Essen der beste Gesprächsstoff ist."

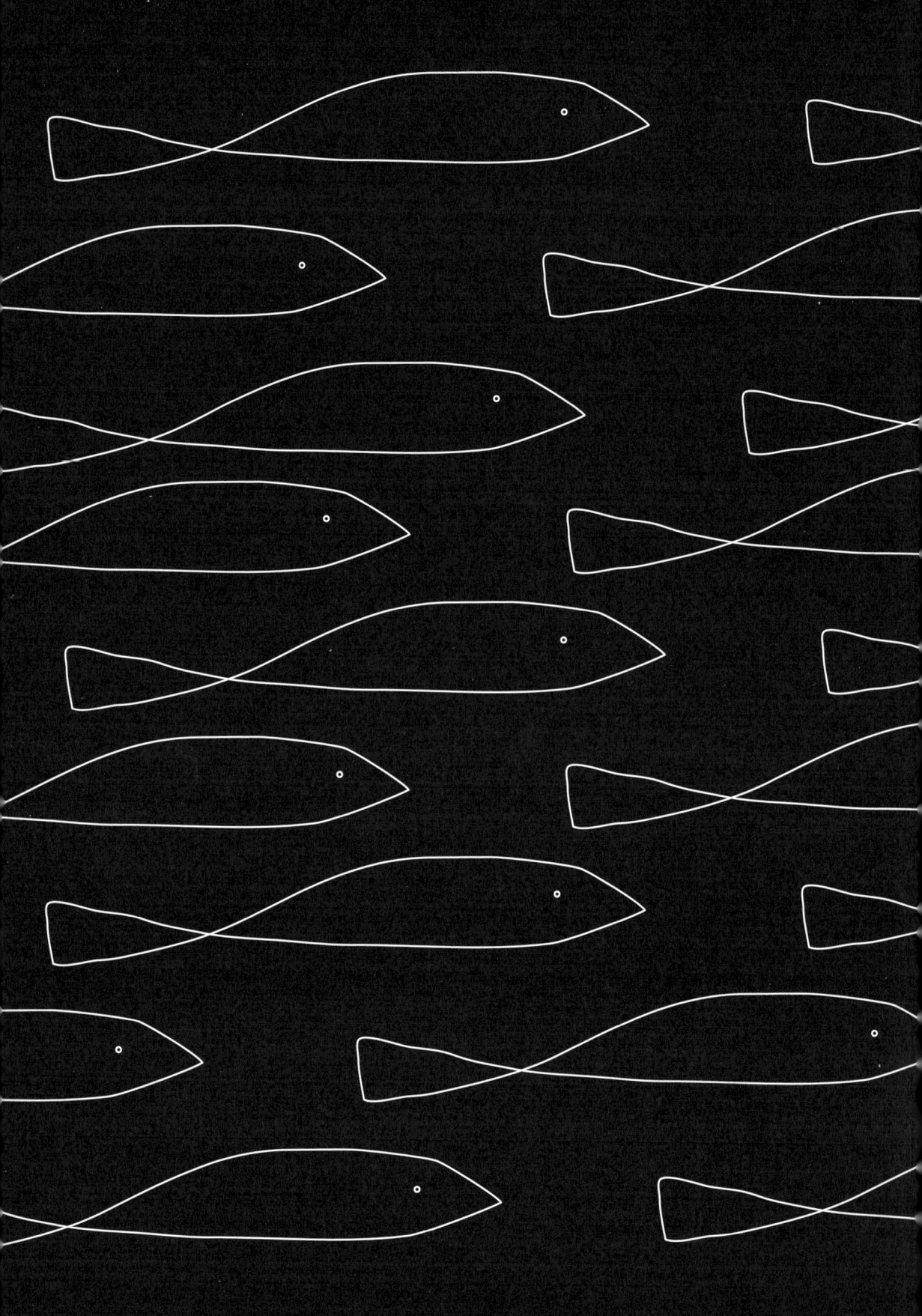